JN001852

●労務リスクを減らすための●

入門図解 **労務管理の法律知識**

実践マニュアル

社会保険労務士 **小島 彰** 監修

三修社

はじめに

　本書を手に取ってくださった「管理者」の皆様の中には、「悪質な労働者に悩まされている」「雇止め、解雇などの人員整理を進めなければならない」「ハラスメント問題でもめている」などの労働問題を抱えて困っていらっしゃる方もいるのではないでしょうか。

　本来、使用者（経営者）と労働者は、会社のために協力し合い、ともに利益を享受するという関係を構築するのが理想です。しかし、実際のところ、特別な能力があるような労働者を除けば、使用者と労働者が完全に対等な立場に立つというのは難しいのが現実です。

　残業代不払い、解雇、雇止め、育休切り、パワハラなど、さまざまなトラブルが生じ、ときには大きな問題に発展することもあります。

　管理者の仕事は、労働者の業務内容や勤務態度等について指揮・監督することです。それは会社の業績を向上させるための重要な役割ですが、ときには憎まれ役にさえなってしまう、孤独できつい仕事です。

　管理者は、その認識ひとつで労働者に過酷な労働環境を強いる加害者になってしまう危険性をはらんでいます。このため、国は労働法という法律を制定し、労働者を厚く保護しています。

　労働法を遵守していれば、管理者は加害者にならずにすみますし、法律の範囲を超えた要求をしてくる労働者を抑制することもできます。

　本書は、「管理者」の立場から知っておかなければならない労働法と関連する法律知識の基本を平易に解説しています。多様な雇用形態が認められていることから生じる最新の法律問題についての知識を一冊にまとめていることも特長です。中でも、「残業不払い」「ハラスメント「雇止め」「テレワーク」「労基署の調査」「内部告発」など、法改正等などで、近時問題になっているテーマについては、重点的に解説しています。本書をご活用いただき、労務管理に役立てていただければ監修者としてこれに勝る喜びはありません。

監修者　社会保険労務士　小島　彰

Contents

第5章　労働基準監督署の調査

第6章 秘密保持・内部告発

第1章

労務リスクと
労務管理の基本

労務管理と労務リスク対策の重要性

▌労務管理の重要性

　企業は、経営資源を合理的に組み合わせて利益を追求していく必要があります。経営資源とは、「資金（カネ）」「設備・情報（モノ）」「人材（ヒト）」のことです。経営活動の優劣は、経営資源を確保した上で組織化し、効果的・継続的に活用できるかどうかで決まります。

　こうしたことを行う労務管理は、事業活動と並んで企業の根幹になるといえるでしょう。労務管理は、組織全体としてどのように労働者を管理運用するかという点を重視します。一方、労務管理と似たものに人事管理があります。人事管理とは、労働者一人ひとりについての人材の配置や処遇を管理することです。ただ、実際には労務管理と人事管理は重なり合う部分が多くあります。

　労務管理は、労働者の管理と運用を組織全体で行うものですが、実際に運用する際には、法改正などの時代の変化にも十分対応する必要があります。労務管理に関連している法律は数多くあります。労務管理を行う場合には、労働基準法や労働契約法をはじめとした関連する法律を熟知し、適切に運用する必要があります。

▌労務管理の具体的な仕事内容

　実際に労務担当者が行う業務は、主に①社会保険関連の業務、②安全衛生・福利厚生に関する業務、③雇用・退職に関する業務、④社内規程に関する業務、⑤給与計算に関する業務の5つの分野に分けて考えることができます。

　①の具体例としては、社会保険の加入手続きや健康保険・労災保険

の給付手続きが挙げられます。②は職場環境の維持改善や安全対策、福利厚生の充実など、③は入退社の管理、④は就業規則、賃金規定などの管理、⑤は勤怠管理や給与計算の業務が挙げられます。

なお、③の業務の一種である採用事務は人事部門が行うことが多く、②の福利厚生や⑤の給与計算は総務部門が行うこともあります。

このように、労務管理の業務は、人事・総務部門で重なりあうことも多いのが実情で、会社によって担当部署は若干異なっています。

■ 労務リスク（労働トラブル）はどんなところに潜んでいるのか

以前であれば許されたであろう労使関係も、現在の基準に照らせば違法あるいは不当となるケースがあります。1990年代のバブル崩壊とその後に続く長期不景気時代を経て、日本の労働環境は大きく変化しました。こうした変化の中、どのような労働トラブルがあるのかを雇用主が知っておくことは、リスク管理の点から見ても重要です。

① **賃金・休暇に関するトラブル**

サービス残業は以前から違法ですが、終身雇用制が揺らいでいる現在では、以前よりもトラブルの対象となりやすくなっています。残業代を適法に支払わない場合、労働者から労働基準監督官に対して違法を申告されるリスクは以前より高いといえます。また、有給休暇も上司が簡単に取らせてくれないなど、労働者からみて適法な運用がなされていないとトラブルとなります。

② **いじめ・セクハラ・パワハラに関するトラブル**

労働者間のいじめやハラスメントは、雇用主が労働者に対して負っている「安全配慮義務」に違反するものとなり得ます。労働者間で起きた人間関係のトラブルについて、雇用者は適切に対応する義務を負い、それを怠ると法的責任を問われることになるのです。

③ **各種の処分に関するトラブル**

雇用主は、労働者が業務上あるいは私生活上において、何らかの法

令に違反する行為をした場合に、懲戒を含めた処分を検討することがあるでしょう。しかし、処分の内容が「重すぎるので不当である」と労働者から主張され、トラブルに発展するケースがあります。雇用主は、法令に基づいて事業を行いつつ、法令違反があった場合の措置を適切に行うことも要求されます。

④　**採用内定取消・雇止め・人員整理**などに関するトラブル

　採用内定取消、契約社員（有期雇用労働者）の雇止め、人員整理（リストラ）は、労働関係のトラブルの代表格ともいえるでしょう。それが労働契約や法令に基づいたものであっても、取消・雇止め・解雇を受ける労働者から不当なものとして訴えられる可能性があります。

⑤　**情報漏洩に関するトラブル**

　近年多い労働トラブルとして、スマートフォンやSNSを通じた情報漏洩があります。企業が保有する機密情報や個人情報が労働者によって不当に公開されたことで、企業に甚大な被害が生じるケースが散見されています。雇用主としてはこうしたトラブルを未然に防ぐことと、生じた場合の対処法を考えておかなければならないでしょう。

▍労務リスクを把握するにはどうしたらよいのか

　雇用主は「昔はこうだったから大丈夫だろう」という考えを捨てなければなりません。現在の労働環境が法令に違反していないか、労働者から不当と思われる扱いを行っていないか、との意識を雇用主が常に持つことから労務リスクの管理がはじまります。

　基本となる労働基準法や労働契約法に関する知識をおさえておくことは大切です。労働関係の各種の法令をチェックしておくことも求められるでしょう。また、労働者との雇用契約書（労働契約書）を作成しておく、就業規則の作成・届出・掲示をしておく、といった基本的なことを行っているかも、労働トラブルに対処する上で重要です。

　しかし、労働トラブルを雇用主がリアルタイムで把握することは、

簡単なことではありません。多くの企業では、弁護士や社労士といった労働関係の法令の専門家を顧問として招き、コストをかけて労働リスクの管理をしています。そうした方法を検討・採用した方が、結果としてトータルコストを抑えられる場合もあるでしょう。

▌労務リスクを防止するため就業規則の整備は重要

就業規則とは、雇用主が定める会社内のルールで、労働者はこれに従う義務を負います。ただし、雇用主が何でも自由に定めることができるわけではなく、法令や労働協約に違反する規則は無効とされてしまいます。作成した就業規則は、労働基準監督署に届け出なければなりません。また、労働者がいつでも自由に閲覧できるようにしておかなければ、就業規則の効力自体が否定されてしまいます。

過去のケースを観察すると、就業規則の内容が適切でないことや、状況に応じた適切な管理（内容の変更など）ができていないことが原因で、労働トラブルに発展しているものがたくさんあります。逆に言えば、適切な就業規則の作成と管理によって、多くの労働トラブルを防止できるといえますから、その整備は重要といえます。

■ 労務リスク（労働トラブル）の原因 ……………………………

- 賃金・休暇のトラブル（サービス残業など）
- いじめ・セクハラ・パワハラのトラブル
- 各種の処分のトラブル（懲戒など）
- 採用内定取消・雇止め・人員整理などのトラブル
- 情報漏洩のトラブル（機密情報・個人情報の漏洩など）

2

労働基準監督署にはどんな権限があるのか

違法行為の監督のため、調査や出頭を命じることができる

労働基準監督署が調査に乗り出す

労働者と使用者の間で生じるトラブルには、「賃金の支払いが遅れている」「時間外労働の賃金が支払われない」「一方的にシフトを変更され、賃金が減った」「他の社員の前で罵倒され、上司から理不尽な扱いを受けている」など、さまざまなものがあります。労働相談については、弁護士会、法テラス、社労士会労働紛争解決センター、都道府県労働局など、多数の相談機関で取り扱われています。

使用者が特に気をつけなければならないのは、解雇・賃金不払いの労働条件に関する相談、職場の安全衛生・健康管理に関する相談、労災保険に関する相談の結果、会社の業務遂行体制に労働基準法、労働安全衛生法などに違反する行為があると判断された場合です。このような場合には、労働法規の監督を職責とする労働基準監督署による調査が行われるので、注意しなければなりません。

労働基準監督署（労基署）は、厚生労働省の下部組織である都道府県労働局（各都道府県に設置されている）の出先機関です。労働基準監督署は、都道府県労働局の下で、労働基準行政の第一線機関として325か所（321署および4支署）に設置されています。

労働基準監督署の業務は、労働基準法など関係法令の周知徹底を図り、労働者の労働条件や安全衛生の確保・改善の指導監督をすることです。具体的には、①事業場に対する臨検監督指導（立入調査）、②労働災害が発生した場合の原因の調査究明と再発防止対策の指導、③重大な法令違反事案などについての送検処分、④使用者などを集めた説明会の開催、⑤申告・相談に対する対応などの業務を担っています。

また、労働災害を被った労働者本人またはその遺族に対して労働者災害補償保険法（労災保炎法）に基づく保険給付を行うことも、労働基準監督署の業務のひとつです。

　特に指導監督の点については、労働基準監督署などに所属する労働基準監督官（労基官）が強い権限を持っており、場合によっては事業所の捜査を行ったり、悪質な事業主を逮捕・送検するなど、特別司法警察職員としての活動を行うこともあります。

　労働基準監督署は労働基準法、労働安全衛生法についての相談・申告を受け付けており、相談を受けると、トラブル解決に向けての情報提供、事業所への立入調査などの対応も行っています。

▎労働基準監督署は万能の機関というわけではない

　このように見てくると、労働基準監督署は労働問題の解決のために必要な権限を与えられた強力な機関であり、前述したような労働トラブルが起こっても、労働基準監督署に行きさえすれば、すぐに適切な

■ 労働基準監督署とは ……………………………………………

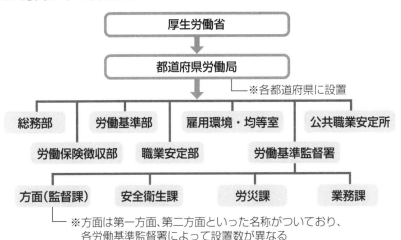

解決へと導いてもらえると思う人もいるかもしれません。しかし、実は労働基準監督署の権限には限りがあり、どんな労働トラブルでもたちどころに解決してもらえるわけではないのが現実です。

労働基準監督署の調査は、労働基準法・労働安全衛生法・最低賃金法などに違反しているかどうかを目的として行われ、民事紛争に関する内容（たとえば、労働契約法に違反していること）は調査対象となりません。たとえば、使用者が労働者を解雇した場合でも、その解雇が労働基準法などに違反していない限り調査対象となりません。賃金や賞与のカットなどについても、労働基準法や最低賃金法などの定めに違反していない限り調査対象となりません。

また、前述した「特別司法警察職員」としての権限は非常に強力なものですが、これを行使できるのは一部の労働関係の法律への違反に対してのみです。「事業主が解雇予告手当を支払わずに即日解雇した」など、明らかに労働基準法に違反すると判断できるものについては効果を発揮します。しかし、「法令違反であるかどうか」という判断を裁判所に委ねなければならない内容や、セクハラ、パワハラ、懲戒権や解雇権の濫用などのように、労働基準監督署の調査対象でない法令に関するものについては対応できません。

実際の労働トラブルの多くはこのような内容で、労働者と事業主の双方がそれぞれ言い分を持っていますので、労働基準監督署では直接指導・監督などの対応ができず、訴訟の提起や都道府県労働局に設置されている紛争調整委員会でのあっせんなど、別の機関による紛争解決の情報を提示するにとどまることも多いようです。

労働基準監督官とは

労働基準監督官は、厚生労働省や労働局、労働基準監督署などに勤務する国家公務員です。一般の国家公務員試験ではなく、労働基準監督官の採用試験に合格した者が就くことのできる専門職です。

労働基準監督官の主な職務は「労働者の働く環境を守る」ことです。労働者が安心かつ安全に働くためには、労働条件の整備や、事業所の安全面・衛生面の整備、万が一事故などが起こった場合の生活保障といったことが不可欠であり、そのために労働基準法や労働安全衛生法をはじめとする労働関係の法令を運用し、よりよい働く環境づくりに向けて職務を遂行しています。

　すべての事業所には法令を遵守する義務があるわけですが、そもそも法令の内容を知らない場合や、企業の利益のために故意に守っていない場合があるのが現実です。そのため、労働基準監督官には、その職務を遂行するために、「行政上の権限」「特別司法警察官としての権限」という2つの権限が付与されています。

どんな権限をもっているのか

　労働基準監督官に与えられている「行政上の権限」「特別司法警察官としての権限」は、具体的にはどのようなものでしょうか。その内容は、労働基準法などに次のように規定されています。

■ 労働基準監督署の主な業務 ···

```
                ┌──────────────────────────────────────┐
            ┌──▶│ 事業場に対する監督指導（臨検、書類の提出、尋問） │
            │   └──────────────────────────────────────┘
            │   ┌──────────────────────────────────────┐
            ├──▶│ 重大・悪質な違法行為が行われた場合の逮捕・送検 │
            │   └──────────────────────────────────────┘
            │   ┌──────────────────────────────────────┐
            ├──▶│ 事業主から提出される申請、届出などの処理 │
   ●労働基準 │   └──────────────────────────────────────┘
    監督署   ├──▶│ 申告・相談に対する対応 │
            │   └──────────────────────────────────────┘
            │   ┌──────────────────────────────────────┐
            ├──▶│ 事業場の設備についての安全性の検査 │
            │   └──────────────────────────────────────┘
            │   ┌──────────────────────────────────────┐
            ├──▶│ 労働災害の調査と再発防止指導 │
            │   └──────────────────────────────────────┘
            │   ┌──────────────────────────────────────┐
            └──▶│ 労災保険の給付 │
                └──────────────────────────────────────┘
```

なお、労働基準監督官がこれらの権限を行使する目的は、働いた分の賃金、特に残業分の賃金が適正に支払われない問題や、心身に影響を与えかねない長時間労働に関する問題への対処が挙げられます。適正に労働時間が管理されているかどうかは、労働者の健康・安全や当然に有する権利を主張するための重要な問題であるためです。

① 　行政上の権限（労基法101条・104条の２）

　企業の労働環境の実態を知るためには、直接その企業の事務所や工場などに出向いて調査を行うことが必要になる場合があります。通常は使用者の許可なく事務所や工場などに立ち入ることは許されませんが、労働基準監督官には、事前に連絡をしたり、もしくは許可を得な

■ 労働基準監督署が介入するケースと介入できないケース ……

労働基準監督署が介入できないケース（労働相談として対応）		
	労働基準監督署が介入するケース	
セクハラを何とかしてほしい	予告手当を支給せずに即日解雇	契約が更新されなかった
解雇権の濫用があった	就業規則（賃金規程）を変更せずに賃金をカット	職場でいじめにあっている
	残業代の不払い	
正当な理由がないのに契約更新時に給料を下げられた	産前産後の休業中の解雇	懲戒処分を受けたがその理由が事実とは異なる
	賃金支給日になっても賃金を支払わない	
	有給休暇が申請されたが欠勤として扱い賃金を減額	地方に左遷された
	労使協定を結ばずに法定労働時間を超える残業を強制	出向命令を取り消してほしい
	法定の割増賃金の不払い	

くても、事務所などへ立ち入って、帳簿やタイムカードなどの関係書類の調査や、労働者などへの聴き取り調査をする権限が与えられています。このような立入調査を臨検といいます。

　また、労働者から相談を受けるなどして必要があると認めた場合、労働基準監督官は、使用者や労働者に対し、必要な事項の報告を求めることや、労働基準監督署への出頭を命じることができます。報告や出頭を命じられた使用者や労働者には、これに応じて正確な報告をしたり、出頭したりしなければなりません。虚偽の報告をした場合や、出頭しなかった場合は、罰則が科せられる可能性があります。

② 　特別司法警察官としての権限（労基法102条他）

　「司法警察官」の職務とは、法令違反者に対し捜査や逮捕、送検と

■ 労働基準監督署への相談から是正勧告に至るまでの流れ ……

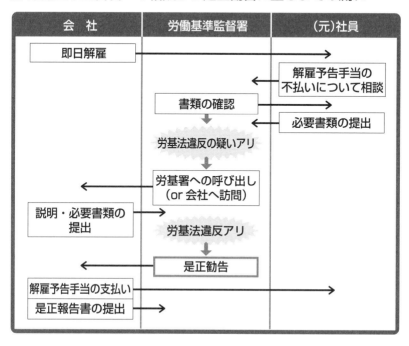

いったことを行うことです。このような職務を行う者として思い浮かぶのは、各都道府県の警察署に勤める警察官でしょう。刑事訴訟法に規定されている司法警察職員とは、警察官のことです。

しかし、労働基準法、最低賃金法、賃金の支払の確保等に関する法律、労働安全衛生法、じん肺法、作業環境測定法、家内労働法などの労働関係法では、労働基準監督官に対し「特別司法警察官」として司法警察官の職務を行うことを認めています。たとえば、賃金不払いで労働基準法に違反している事実が認められる場合、労働基準監督官は事業所や関係者などに対する強制捜査を行うことや、違反が明らかになった場合に逮捕・送検を行うことができるわけです。

なお、逮捕が実施されるケースは多くありませんが、近年では外国人労働者（技能実習生）に対しての賃金未払いや、最低賃金を下回る時給での支払いなど、労働基準法違反や最低賃金法違反により逮捕が実施されるケースが生じています。

┃残業代不払いの場合はどうなる

不当な扱いを受けた労働者としては、それにより生じた損失を取り戻すことが最終目標であることはいうまでもありません。しかし、法律違反に対する懲役や罰金のような刑事上の手続きと、賠償請求のような民事上の手続きは、同じ裁判手続きでも全く別個のものです。

たとえば、業務上の必要から残業をしているにもかかわらず、「与えられた仕事をするのは当たり前」「残業代は賃金に含んでいる」などという理由をつけて残業代を支払わない会社があったとします。

労働基準監督署は、労働者からこのような相談を受けて、必要と判断すると、報告や出頭を求めたり、場合によっては臨検を行ったりするなどして事実を確認します。その結果、残業代不払いの事実が認められる場合は、最長3年間さかのぼって（令和2年4月以降、賃金債権の消滅時効は5年間（経過措置として当面の間は3年間）とされて

いる）不払い分の賃金を支払うよう指導する、今後労働基準法に従った運用をするよう是正勧告をする、といった対応を行います。

　さらに、是正勧告をしても残業代の支払いが実行されないなど悪質なケースに対しては、検察に書類送検をすることもあります。これは刑事上の手続です。

　しかし、実際に会社から労働者に対して3年分の不払い賃金が支払われるかどうかについて、労働基準監督署は直接関わることはできません。不払い賃金の支払請求は、あくまでも会社と労働者との間の民事上の問題であり、労働基準監督署には、労働基準法などに規定された以上のことを行う権限はなく、会社の財産を差し押さえて売却するといったことはできないからです。したがって、労働者が未払い賃金を現実に手にするには、裁判所に支払督促を申し立てる、民事訴訟を提起する、などの民事上の法的手段をとることが必要です。

　とはいうものの、民事訴訟はお互いの主張を戦わせる場です。この場においては、自らの主張を裏付ける「客観的な証拠」が非常に重要であり、裁判官の判断に大きな影響を与えます。訴える側の労働者がまずは労働基準監督署に申立てをして調査などを行ってもらい、それにより会社が指導を受けたにもかかわらず、それでも支払われなかったという「客観的な事実」が、その後の民事訴訟においても重要な証拠として扱われるでしょう。したがって、不当な扱いを受けた労働者が損失を取り戻すため、まずは労働基準監督署に申し出て調査結果を出してもらうことが、その後に控える民事訴訟での支払請求を認めてもらうためにも大切なステップだといえます。

　そして、民事訴訟において勝訴判決を得るか、あるいは裁判所の提示した支払うことを内容とした和解が成立することで、労働者は未払金を取り戻すことができます。もし勝訴判決や和解に反して会社が支払いをしない場合は、強制的に会社の財産などを差し押さえることが可能となります。

3

労働基準法違反の罰則について知っておこう

罰金や懲役刑の対象になる

労働基準法違反に対しては懲役刑の罰則もある

　労働基準法は労働条件の最低基準を定めている法律です。そのため、使用者が労働基準法で定められている労働時間のルールに違反して労働者を働かせると、その行為者および事業主に対して罰則が科せられます（24ページ）。

　労働基準法で最も重い罰則が科されるのは、暴行、脅迫、監禁その他精神または身体の自由を不当に拘束する手段によって、労働者の意思に反して労働を強制する場合です（労働基準法5条、強制労働の禁止）。強制労働の禁止に違反した場合には、1年以上10年以下の懲役または20万円以上300万円以下の罰金が科されます（労働基準法で最も重い罰則です）。時間外労働については、たとえば、労使間で時間外労働について定めた労使協定がないにもかかわらず、法定労働時間を超えて労働させた場合には、6か月以下の懲役または30万円以下の罰金が科されます。また、変形労働時間についての労使協定の届出をしなかった場合には、30万円以下の罰金が科されます。

違反行為をした行為者だけでなく会社も罰せられる

　たとえば、時間外労働を命じる権限を持つ部長が労働基準法に違反する残業を部下に命じて行わせた場合、その部長は行為者として労働基準法で定める罰則が科されます。これを行為者罰といいます。罰則は行為者自身にのみ科すのが原則です。

　しかし、労働基準法では、行為者だけでなく会社などの事業主にも罰金刑を科すことを規定しています（生身の人間ではない会社に懲役

刑を科すことはできません）。具体的には、「この法律の違反行為をした者が、当該事業の労働者に関する事項について、事業主のために行為した代理人、使用人その他の従業者である場合においては、事業主に対しても各本条の罰金刑を科する」（労働基準法121条１項本文）と規定しています。このように違反行為をした行為者と事業主の両方に罰則を科すとする規定を両罰規定といいます。ただし、違反の防止に必要な措置をした事業主には罰金刑が科されません。

　これに対し、事業主が違反の事実を知りその防止に必要な措置を講じなかった場合や、違反行為を知り、その是正に必要な措置を講じなかった場合または違反を教唆した（そそのかした）場合には、事業主も行為者として罰せられます。

付加金の支払いを命じられることもある

　付加金とは、労働基準法で定める賃金や手当を支払わない使用者に対して、裁判所がそれらの賃金や手当とは別に支払いを命じる金銭です。裁判所は、解雇予告手当、休業手当、割増賃金、年次有給休暇手当を支払わなかった使用者に対し、労働者の請求により、未払金の他、これと同額の付加金の支払いを命じることができます。付加金の金額は未払金と同額であるため、平たく言えば、未払金の倍額を支払わなければならないことになります。

　使用者の付加金支払義務が「いつ発生するのか」は、さまざまな考え方がありますが、付加金は、裁判所が支払いを命じることで初めて支払義務が発生するとの考え方が有力のようです。そのため、法定の支払期限に所定の金額が全額支払われなくても、その後に全額が支払われれば、労働者は付加金請求の申立てができず、裁判所も付加金の支払いを命じることはできません。また、付加金の請求権は、違反のあった時から３年で時効により消滅します。

■ 主な労働基準法の罰則 ···

1年以上10年以下の懲役又は20万円以上300万円以下の罰金	
強制労働をさせた場合（5条違反）	労働者の意思に反する強制的な労働

1年以下の懲役又は50万円以下の罰金	
中間搾取した場合（6条違反）	いわゆる賃金ピンハネ
児童を使用した場合（56条違反）	児童とは中学生までをいう

6か月以下の懲役又は30万円以下の罰金	
均等待遇をしない場合（3条違反）	国籍・信条・社会的身分を理由に差別
賃金で男女差別した場合（4条違反）	性別を理由に賃金を差別
公民権の行使を拒んだ場合（7条違反）	選挙権の行使等の拒絶が該当する
損害賠償額を予定する契約をした場合（16条違反）	実際の賠償自体は問題ない
前借金契約をした場合（17条違反）	身分拘束の禁止
強制貯蓄させた場合（18条1項違反）	足留め策の禁止
解雇制限期間中に解雇した場合（19条違反）	産前産後の休業中又は業務上傷病の療養中及びその後30日間
予告解雇しなかった場合（20条違反）	即時解雇の禁止
法定労働時間を守らない場合（32条違反）	三六協定の締結・届出がない等
法定休憩を与えない場合（34条違反）	途中に一斉に自由に
法定休日を与えない場合（35条違反）	所定と法定の休日は異なる
割増賃金を支払わない場合（37条違反）	三六協定の締結・届出と未払いは別
年次有給休暇を与えない場合（39条違反）	年次有給休暇の請求を拒否する
年少者に深夜業をさせた場合（61条違反）	年少者とは18歳未満の者
育児時間を与えなかった場合（67条違反）	育児時間とは1歳未満の子への授乳時間等のこと
災害補償をしなった場合（75～77、79、80条違反）	業務上傷病に対して会社は補償しなければならない
申告した労働者に不利益取扱をした場合（104条2項違反）	申告とは労働基準監督官などに相談すること

30万円以下の罰金	
労働条件明示義務違反（15条）	
法令や就業規則の周知義務違反（106条）	

4 労働安全衛生法に違反するとどうなるのか

行為者やその所属する会社が処罰される場合がある

どんな罰則があるのか

　労働安全衛生法第12章には罰則規定があり、労働安全衛生法違反の内容に応じて、その行為者に対して以下の罰則を科すことにしています。さらに、③〜⑥の行為者が事業者（会社など）の代表者または従業者（労働者）である場合は、その事業者にも各々の犯罪の罰金刑が科されます（122条）。これを両罰規定といいます。

① **7年以下の懲役（115条の3第1項）**

　特定業務（製造時等検査、性能検査、個別検定、型式検定の業務）を行っている特定機関（登録製造時等検査機関、登録性能検査機関、登録個別検定機関、登録型式検定機関）の役員・職員が、職務に関して賄賂の収受、要求、約束を行い、これによって不正の行為をし、または相当の行為をしなかったとき

② **5年以下の懲役（115条の3第1・2・3項）**

・特定業務に従事する特定機関の役員・職員が、職務に関して賄賂の収受、要求、約束をしたとき

・特定機関の役員・職員になろうとする者や、過去に役員・職員であった者が、一定の要件の下で、賄賂の収受、要求、約束をしたとき

③ **3年以下の懲役または300万円以下の罰金（116条）**

　黄りんマッチ、ベンジジン等、労働者に重度の健康障害を生ずる物を製造、輸入、譲渡、提供、使用したとき

④ **1年以下の懲役または100万円以下の罰金（117条）**

・ボイラー、クレーンなどの特定機械等を製造するにあたって許可を受けていないとき

・小型ボイラーなどの機械を製造・輸入するにあたって個別検定や型
式検定を受けていないとき

・ジクロルベンジジン等、労働者に重度の健康障害を生ずる恐れのあ
る物を製造許可を受けずに製造したとき

⑤ 6か月以下の懲役または50万円以下の罰金（119条）

・労働災害を防止するための管理を必要とする作業で、定められた技
能講習を受けた作業主任者を選任しなかったとき

・危険防止や健康障害防止等に必要な措置を講じなかったとき

・危険または有害な業務に労働者をつかせるとき、安全または衛生の
ための特別の教育を行わなかったとき、事業場の違反行為を監督機
関（労働基準監督署など）に申告した労働者に対して不利益な取扱
い（解雇など）をしたとき

⑥ 50万円以下の罰金（120条）

・安全管理者、衛生管理者、産業医などを選任しなかったとき

・労働基準監督署長等から求められた報告をせず、または出頭を命ぜ
られたのに出頭をしなかったとき

・定期健康診断、特殊健康診断を行わなかったとき

■ 違反した場合の罰則

罰則		
	3年以下の懲役か300万円以下の罰金	重度の健康障害が生じる化学物質の製造　など
	1年以下の懲役か100万円以下の罰金	・特定機械等の製造許可を受けていない場合 ・許可を受けずに化学物質を製造した場合　など
	6か月以下の懲役か50万円以下の罰金	・特別教育を実施しなかった場合 ・危険や健康障害を防止する措置を講じなかった場合　など
	50万円以下の罰金	・安全管理者などを選任しなかった場合 ・健康診断を実施しなかった場合　など

5

就業規則や賃金規程は必ずチェックされる

想定外の残業代を支払う義務を負わないように書き方には注意する

法定労働時間を意識した規定にする

　就業規則とは、労働者の待遇、採用、退職、解雇など人事の取扱いや服務規定、福利厚生、その他の内容を定めたものです。労働条件については労働基準法に定めがありますが、就業規則、労働協約（労働組合が労働条件を向上させるために使用者との間で書面により結んだ協定）、労働契約で個別に労働条件について規定することができます。労働基準法はあくまで最低限の条件を定めたものですから、労働者にとって有利になるような規定を就業規則に置くことは問題ありません。

　たとえば、「労働時間」についてですが、労働基準法は「１週間40時間まで」「１日８時間まで」と定めています（32条）。労働時間については、労働基準法が定めている上限を超えないようにしなさい、ということです。したがって、それまでは「１週間40時間まで」「１日８時間まで」と就業規則で定めていた会社が、社員の労働時間について、就業規則の規定を「１週間38時間まで」「１日７時間まで」などと変更した場合には、社員にとって不利益な変更ではありませんから、問題ありません。

賃金規程はどのように規定されている

　賃金に関する事項は、多岐にわたり、細かな規程になりやすく、また情勢によって改定も必要になることが多いので、就業規則とは別の規程として作成するのが一般的です。これによって就業規則の本則が繁雑になることを防ぐことができます。ただし、就業規則の一部であることに変わりはありませんから、本規則と同時に作成して、かつ労

働基準監督署への届出もしなければなりません。また、就業規則の作成手続についての規定は賃金規程（給与規程ともいいます）にも適用されますから、賃金規程の変更の際には労働者の意見を聴く必要があります。また、労働者に対しては、賃金規程の内容を周知させなければなりません。

労働基準監督官の調査では、就業規則の本則だけでなく賃金規程も調査の対象となります。賃金規程を作成する場合、必ずしもひとつの賃金規程を全従業員に適用する必要はありません。たとえば、パート社員用の賃金規程を別に作成することもできます。ただ、正社員とパート社員の賃金規程を分ける場合は、どのような種類の労働者に適用されるかを明確にしておく必要があります。

■ 就業規則の記載事項

絶対的必要記載事項

労働時間等	始業・終業の時刻、休憩時間、休日・休暇、交替勤務の要領
賃　　金	決定・計算・支払の方法、締切・支払の時期、昇給について
退　　職	身分の喪失に関する事項…任意退職、解雇、定年など

相対的必要記載事項

退職手当	退職金・退職年金が適用となる労働者の範囲、決定・計算・支払方法・支払時期
臨時の賃金等	臨時の賃金等の支給条件と時期、最低賃金額
食事・作業用品などの負担	
安全・衛生	
職業訓練	
災害補償、業務外の傷病扶助	就業規則に規定しないと懲戒できない
表彰・制裁	
その事業場の労働者すべてに適用する定めを作る場合は、その事項（たとえば、服務規律、配置転換・転勤・出向・転籍に関する事項）	

任意的記載事項

労働基準法に定められていない事項でも記載するのが望ましいもの
企業の理念や目的、採用に関する事項、など

Q 労働条件を労働者にとって不利益な内容に変更することはできるのでしょうか。労働者の合意を得ないでもよい場合があるのでしょうか。

A たとえば、想定外の天変地異などが生じたために、就業規則を変更する場合、職場（事業場）の過半数組合（過半数組合がない場合には過半数代表者）の意見を聴いて意見書を添付して労働基準監督署に届け出れば、変更は可能です。ここで注意すべき点は、労働者側との合意は必要ではなく、あくまで意見を聴けばよいということです。しかし、就業規則の変更が労働者に不利益になる場合は、労働者と合意をすることなく、就業規則を変更することは原則としてできないことになっています（労働契約法9条）。この規定を反対に解釈すると、労働者に有利に就業規則を変更する場合は、合意は必要なく、単に意見を聴けばよいことになります。

●**労働者の合意を得ないでもよい場合**

就業規則の変更により労働条件を不利益に変更する場合には、原則として労働者との合意が必要ですが、一定の要件を満たした場合には、労働者との合意がなくても、就業規則の変更により、労働条件を不利益に変更することが認められています（労働契約法10条）。ただし、労働者との合意を得ずに、就業規則の変更により労働条件を不利益に変更するためには、変更後の就業規則を労働者に周知させる（広く知らせる）という手続きが必要です。さらに、就業規則の変更内容が、労働者の受ける不利益の程度、労働条件の変更の必要性、変更後の就業規則の内容の相当性、労働組合との交渉の状況などの事情を考慮して「合理的なもの」でなければなりません。

以上の要件を満たすのであれば、労働者を不当に不利にする就業規則の変更とはいえないので、労働者との合意を得ずに変更した就業規則は有効であると判断されています。

Q 労使協定は届け出ないといけないのでしょうか。

A 労使協定とは、事業場の過半数の労働者で組織される労働組合（そのような労働組合がない場合には労働者の過半数を代表する者）と、使用者との間で、書面によって締結される協定のことです。三六協定（47ページ）、変形労働時間制に関する協定、年次有給休暇の計画的付与に関する協定など、さまざまな労使協定がありますが、その多くが労働基準法を根拠としています。労使協定の締結により認められる内容が労働基準法には多くあります。

　労使協定には、労働基準監督署への届出が義務化されている内容とそうではない内容があります。届出が義務化されている労使協定を届け出てない場合は、罰則の対象となります。罰則の内容については、三六協定など懲役刑が科される場合がありますが、変形労働時間制に関する協定など多くが「30万円以下の罰金」となっています。

■ 労使協定および労使委員会の決議が必要な主な事項 …………

①貯蓄金の管理、②賃金の一部控除、③１か月単位の変形労働時間制、④フレックスタイム制（精算期間１カ月超）、⑤１年単位の変形労働時間制、⑥１週間単位の非定型的変形労働時間制、⑦休憩一斉付与の例外、⑧時間外・休日労働、⑨代替休暇、⑩事業場外労働のみなし労働時間制、⑪専門業務型裁量労働制、⑫時間単位の年次有給休暇の付与、⑬年次有給休暇の計画的付与制、⑭年次有給休暇に対する標準報酬日額による支払い、⑮企画業務型裁量労働制、⑯育児・介護休業の適用除外、⑰子の看護・介護休暇の適用除外、⑱育児・介護短時間勤務の適用除外、⑲育児・介護のための所定外労働の制限・所定労働時間の短縮の適用除外、⑳③から⑭までの協定に代わる労使委員会の決議を行う場合

※上表のうち、①貯蓄金の管理、③１か月単位の変形労働時間制、⑤１年単位の変形労働時間制、⑥１週間単位の非定型的変形労働時間制、⑧時間外・休日労働、⑩事業場外労働のみなし労働時間制、⑪専門業務型裁量労働制に関する労使協定については、締結だけでなく届出が義務付けられている

第 2 章

労働時間・賃金・年休

1 労働時間の管理を徹底しよう

日頃から労働時間の管理を習慣化する

労働時間の管理がなぜ必要なのか

　時間外労働手当の計算を会社に都合よく計算できるのであれば、厳格な労働時間の管理は必要ありません。しかし、そのような計算をしていたところに、労働基準監督署の調査が入った場合、会社は多くのペナルティを受けることになります。たとえば、過去に遡って未払いの時間外労働手当を支給せざるを得なくなります。賃金請求権の消滅時効は3年（令和2年4月以降）ですから、最大で過去3年分の未払いの時間外労働手当を支払わざるを得なくなります。そうなると、会社経営を左右する金額の支出が必要となりかねません。

　そのようにならないためには、日頃から法律に基づいて労働時間を適正に把握・管理しなければなりません。この点は、平成29年1月に厚生労働省から出された「労働時間の適正な把握のために使用者が講ずべき措置 に関するガイドライン」という通達が基準となり、下記のように定められています。

① 労働者の労働日ごとの始業・終業時刻を確認・記録すること
② 確認・記録の方法は、使用者が自ら現認するか、タイムカード、ICカード、パソコンの使用時間の記録などによること
③ 自己申告により確認・記録せざるを得ない場合は、適正に自己申告を行わせ、必要に応じて実態調査をすること

　労働基準監督署の調査が頻繁に入るわけではありませんが、調査対象になった段階で慌てて改善しようとしても、すでに不払いとなっている時間外労働手当は是正勧告の対象になります。リスクを将来にまわさないため、日頃から正しい労働時間管理が必要です。

法定内残業と時間外労働

　割増賃金を支払わなければならない「時間外労働」は、法定労働時間（原則として1週40時間、1日8時間）を超える労働時間です。したがって、労働基準法は、就業規則で定められた終業時刻後の労働のすべてに、割増賃金の支払を要求しているわけではありません。

　たとえば、ある会社の就業規則で9時始業、17時終業で、昼休み1時間と決められているのであれば、労働時間は7時間です。この場合には、18時まで「残業」しても、1日8時間の枠は超えていませんから時間外労働になりません。この残業を法定内残業といいます。法定内残業は時間外労働ではありませんから、使用者（会社）は、割増賃金ではなく通常の賃金を支払えばよいわけです。なお、この場合に使用者が割増賃金を支払うことについては問題ありません。

どんなケースが危ないのか

　次のようなケースは「是正勧告」の対象となることがあります。

① 労働時間の記録がないため、「時間外労働がない」としているケース

　この場合は「本当に時間外労働がない」という証拠が必要です。

■ **割増賃金を支払う義務が生じる場合** ・・・・・・・・・・・・・・・・・・・・・・・・・・

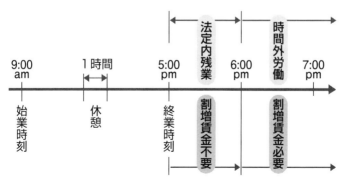

② 労働日ごとに労働時間を30分単位で管理しているケース

　労働時間は、１か月の合計では30分単位で端数調整を行うことができますが、労働日ごとでは１分単位で管理することが必要です。

③ 時間外労働時間の上限を設定し、それ以上の時間外労働を認めていないケース

　三六協定で時間外労働時間の上限を設定していたとしても、現実にそれを超過して時間外労働をした場合には、すべての時間外労働時間に対し、時間外労働手当を支給しなければなりません。

④ 時間外労働を自己申告制とし、過少申告させているケース

　「サービス残業」の典型ともいえるケースです。正しく申告するように指導しなければなりません。

時間外労働なしといえるには根拠が必要

　時間外労働手当は時間外労働をした場合に支払わなければならないものです。労働者の立場からすると、時間外労働をした証拠があるときにのみ時間外労働手当を請求できることになります。

　これに対し、使用者（会社）の立場からすると、労働基準監督署の調査が入ったときに、「時間外労働がないので手当を支払っていない」とするのであれば、時間外労働が本当にないことを証明する客観的な根拠が必要です。つまり、厚生労働省の通達に準拠した形で行われた労働時間管理の下で、時間外労働がないことを示す記録（たとえば、タイムカードへの打刻が定時であること）が必要です。

　また、私用で会社に居残る時間を時間外労働時間と明確に分けるために、別途「時間外労働時間の申告」をさせている場合、タイムカードに打刻された時刻から集計される会社に居残っている時間と、申告される時間外労働時間との間に大きな開きがあるときは、労働者に過少申告をさせていると疑義をもたれることもあります。時間外労働時間に集計すべきではない私用の時間などは、別途記録を残すことも必

要です。

労働時間の管理ができていない場合には是正をする

　実際は時間外労働を行わせているのに、時間外労働手当を支払っていない場合は、当然に労働基準法に反する違法状態となります。

　ただ、労働基準監督署の調査が頻繁には行われないため、労働時間の管理を曖昧にして時間外労働手当を支払っていない例も少なくありません。前述の通り、時間外労働手当を支払わないということにも、時間外労働がなかったことを証明する客観的な根拠が必要です。

　労働基準監督署の調査を受けた際に、労働時間の管理ができていなかった場合は、それにより直ちに「残業隠し」を疑われ、実際は時間外労働を行わせていないとしても、労働基準監督署から「適正に労働時間の管理をしていない」として是正を受ける可能性があります。その場合は、さらに3か月程度に渡り、労働基準監督署に労働時間の管理についての報告を要求されることもあります。

　そして、このようなケースでは、時間外労働を隠している疑いをもたれますので、細部に渡り調査されることになります。したがって、十分な労働時間の管理ができていない会社は、厚生労働省の通達に準拠する形での労働時間の管理を徹底していかなければなりません。

　労働者の労働時間を把握・管理することは、仕事の効率化や賃金の計算などを行う上で非常に重要です。これを怠ると、業務遂行や経費の面で会社に損失を与えますから、直属の上司は管理責任を問われることにもなりかねません。たとえば、上司の許可を得ずに残業している部下を注意しないだけでも、残業を黙認した、ひいては残業を指示したことになってしまいますので、十分注意してください。

2 タイムカードや出勤簿で労働時間を管理する

労働時間を正確に把握する

変動的給与計算のためにデータを残す

　会社などの事業所が労働者に給与を支給するときは、一定のルールにしたがって給与を計算することになります。事業所によって給与体系はさまざまですが、事業所内では同じ基準を使用します。ただ、正社員とそれ以外のアルバイト・パートタイマーなどでは給与の支給基準や支給内容が異なります。給与は固定的給与と変動的給与に分かれます。

　固定的給与とは、原則として毎月決まって同じ額が支給される給与のことで、たとえば、基本給・役職手当・住宅手当・家族手当・通勤手当などがこれにあたります。これに対して、変動的給与とは支給されるごとに支給額が異なる給与のことです。時間外手当・休日労働手当・深夜労働手当などの残業手当や精皆勤手当などがこれにあたります。固定的給与は原則として就業規則（賃金規程）であらかじめ毎月の支給額が決まっているため、月中での入退社や休職からの復帰、欠勤や遅刻・早退などがない限り、改めて計算する必要はありません。

　一方、変動的給与は、毎日の出退勤状況や残業時間に応じて給与を支給する都度金額が異なるため、毎月、支給額を計算する必要があります。そこで、変動的給与を計算するために、それぞれの労働者について、日々の出勤・欠勤の状況、労働時間・残業時間などのデータが必要になります。このデータ収集のために利用されるのが出勤簿やタイムカードです。なお、出勤簿、タイムカード、賃金台帳は最後に記入した日から5年間、事業所に保存しておく必要があります。

■ タイムカードサンプル ···

左カード

| NO. 12 | 氏 名 ○○ ○○ |
| 所属 技術部 | |

出　勤　表

令和○ 年 ○ 月分

	午　前		午　後		残　業	小計
	出勤	退出	出勤	退出		
21	8:51			20:04		
22	8:42			21:07		
23						
24	8:54			19:45		
25	8:50			21:22		
26	8:52			19:50		
27	8:48			18:10		
28	8:55			17:25		
29						
30						
31						
1	8:50			17:49		
2	8:51			17:32		
3	8:53			18:04		
4	8:49			18:11		
			課長	係長	係	

右カード

| NO. 12 | 氏 名 ○○ ○○ |
| 所属 技術部 | 資格別 作業別 年号 性別 女 |

出勤日数		欠勤日数		資格別超過 回数 時数	
就業時数		休前日数		残出勤 回数 時数	
休日出勤 日数 時数 歩増		早出 回数 時数 歩増		早出退出 回数 時数 歩増	

	午　前		午　後		残　業	小計
	出勤	退出	出勤	退出		
5	8:53			18:40		
6						
7						
8	8:49			17:20		
9	8:47			17:42		
10	8:50			17:35		
11	8:49			18:10		
12	8:51			18:31		
13						
14						
15	8:54			19:05		
16	8:52			19:10		
17	8:51			18:32		
18	8:50			19:02		
19	8:49			18:37		
20						

■ 出勤簿サンプル ···

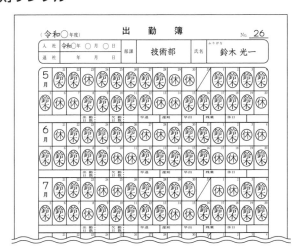

（令和○年度）　出　勤　簿　No. 26

| 入 社 令和○年 ○月 ○日 | | 部課 技術部 | 氏名 ふりがな 鈴木 光一 |
| 退 社 　年 　月 　日 | | | |

賃金台帳の記載と保存について知っておこう

給与を支払うたびに支給額の内訳などを記載する

1年間の給与の一覧表となる

会社などの事業所では、毎月給与計算を行うことになります。給与計算が終わったら、労働者一人ひとりに対して給与を支払います。その際、なぜその支給額になったのかがわかるようにするため、給与明細を添付して給与を支払う必要があります。給与明細には支給額と控除額の内訳をそれぞれ明示し、最終的な支給額（手取り額）を記載します。

ただ、給与明細は労働者に渡してしまうものですから、事業所のほうでも、労働者に渡した給与明細と同じものをデータとして保存しておかなければなりません。しかし、労働者数が何百人もいるような会社で、労働者に渡した給与明細と同じサイズの給与明細を、毎月保存するというのには無理があります。

また、年末調整のときには、労働者一人ひとりに対する1年間の給与の内訳を記載した源泉徴収簿を作成する必要があります。

このようなことから、労働者ごとの1年間の給与一覧表である賃金台帳（給与台帳）を作成するようにします。賃金台帳には、労働者の給与と賞与の支給額と控除額の内訳を細かく記載します。賃金台帳は労働基準法上、事業所に備え付けておかなければならない書類ですから、必ず作成するようにしましょう。

法定3帳簿とはどんな帳簿なのか

法定3帳簿は、事業所の規模や労働者数に関係なく、労働基準法で事業主に作成と保存が義務付けられている、①労働者名簿、②賃金台帳、③出勤簿またはタイムカードの3つの帳簿のことです。①の労働

者名簿には、労働者の氏名、生年月日、履歴、性別、住所、従事する業務の種類、雇入年月日、退職年月日とその事由、または死亡年月日とその原因を記載することが決められています（③の出勤簿またはタイムカードについては36ページ）。

賃金台帳に記載すべき事項と保存の義務

　賃金台帳は法定３帳簿のひとつですので、事業所ごとに備え付けておかなければなりません。

　たとえば、本店（本社）の他に支店（支社）や工場がある会社で、その支店や工場などでそれぞれ給与計算の事務処理を行っている場合は、その支店や工場ごとに賃金台帳を作成し、保存する義務があります。保存する義務に違反した場合は30万円以下の罰金が科されます。事業主は賃金台帳に必要事項をきちんと記載して、一定期間（最後に記入した日から５年間）保存しておかなければなりません。

　賃金台帳の記載事項は、下図のとおりです。

■ 賃金台帳に記載する事項 ……………………………………………

- 労働者の氏名
- 労働者の性別
- 賃金の計算期間
- 労働日数
- 労働時間数
- 時間外労働・休日労働・深夜労働の労働時間数 ← ※ 普通の時間外労働と深夜労働、休日労働を分ける
- 基本給・各種手当・割増賃金の金額 ← ※ 基本給と各種手当、割増賃金を分ける　※ 手当もその手当の種類ごとに分ける
- 賃金の一部を控除する場合における控除額 ← ※ 社会保険料などの控除額　※ 源泉徴収所得税額　※ 労使協定などに基づいて控除する場合の控除額

4 勤務間インターバルについて知っておこう

終業時刻から翌日の始業時刻までの休息時間を確保する制度

どんな制度なのか

　勤務間インターバル制度とは、労働者が1日の勤務が終了（終業時刻）してから、翌日の勤務が開始（始業時刻）するまでの間に、一定時間以上の間隔（インターバル）を確保する制度です。終業時刻から翌日の始業時刻までの間に休息時間（勤務間インターバル）を設けて、労働者の長時間労働を解消することが目的です。

　たとえば、始業時刻が午前9時の企業が「11時間」の勤務間インターバルを定めている場合、始業時刻に労働者が勤務するためには、原則として前日の終業時刻が午後10時前でなければなりません。

　企業が勤務間インターバル制度を導入する場合、大きく2つの意義があります。1つは、一定の時刻に達すると、それ以後、労働者は残業ができなくなるということです。もう1つは、一定の休息時間が確保され、労働者の生活時間や十分な睡眠時間を確保し、労働者のワークライフバランスの均衡を保つことが推進される点です。

どんな問題点があるのか

　勤務間インターバル制度によって始業時刻が繰り下げられた場合、繰り下げられた時刻に相当する時間の賃金に関する問題があります。

　たとえば、繰り下げられた時間については、労働免除として取り扱う方法が考えられます。労働免除が認められると、繰り下げられた時間分については、労働者は賃金を控除されることがありません。

　しかし、これを企業側から見ると、労働者ごとに労働時間の繰り下げなどの管理を適切に行う必要があるとともに、労働者同士の公平性

にも配慮しなければならないという負担がかかります。

　このように、勤務間インターバル制度は、労働者の健康や安全を確保するのに役立つ制度である一方で、労働者にとって重大な関心事である賃金に対して影響を与える恐れがあるため、その導入に際しては、労使間で事前に明確な合意に至っている必要があります。

就業規則にも規定する必要がある

　労働時間等設定改善法によって、勤務間インターバル制度の導入が企業の努力義務となっています。つまり、長時間労働の改善について企業側の意識の向上が求められているということです。そこで、企業が勤務間インターバル制度を導入する場合には、就業規則などに明確に規定を置き、特に繰り下げた時間に相当する賃金の問題などについても、事前に明確にしておくことが望まれます。

■ 勤務間インターバルとは ………………………………………

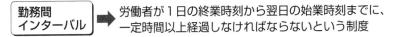

勤務間インターバル ➡ 労働者が1日の終業時刻から翌日の始業時刻までに、一定時間以上経過しなければならないという制度

（例）勤務間インターバルが『11時間』の場合

9:00〔始業〕　　22:00〔終業〕　　翌日 9:00〔始業〕

インターバル【11時間】

∴翌日9:00始業のためには22:00には終業しなければならない

労働者　9:00〔始業〕　　23:00〔終業〕　　翌日 10:00〔始業〕

インターバル【11時間】

始業を1時間繰り下げなければならない！

勤務間インターバルの効果

➡ ①長時間労働の解決　②労働者の生活時間や十分な睡眠時間の確保

5 割増賃金について知っておこう

残業などには所定の割増賃金の支給が義務付けられている

割増賃金とは

　使用者は、労働基準法37条により、労働者の時間外・深夜・休日労働に対して、割増賃金の支払義務を負います。

　割増率については、1日8時間、週40時間の法定労働時間を超えて労働者を働かせた時間外労働の割増率は25％以上です（月60時間を超える部分については50％以上。中小企業については令和5年4月1日から適用）。

　次に、午後10時から午前5時までの深夜労働についても、同様に25％以上となっています。時間外労働と深夜労働が重なった場合は、2つの割増率を足すことになりますので、50％以上の割増率です。

　また、法定休日に労働者を働かせた場合は、休日労働として35％以上の割増率になります。休日労働と深夜労働が重なった場合、割増率は60％以上になります。

代替休暇とは

　1か月60時間を超える時間外労働をさせた場合、超える部分については50％以上の割増率を乗じた割増賃金の支払いが必要です。厚生労働省の過労死等防止対策白書（令和3年版）によれば、月末1週間の就業時間が週60時間以上の労働者の割合は約5％で、30歳代・40歳代の男性労働者に限定すると約10％です。

　上記の割合は減少傾向にありますが、長時間労働の抑制と労働者の健康維持のため、時間外労働への代償として、割増賃金の支払いではなく休暇を付与する方法（代替休暇）があります。具体的には、労使

協定の締結により、１か月の時間外労働が60時間を超えた場合、通常の割増率（25％）を上回る部分の割増賃金の支払いに代えて、有給休暇を与えることが認められています。代替休暇は労働者への休息の機会の付与が目的ですから、付与の単位は１日または半日とされています。また、代替休暇に振り替えられるのは、通常の割増率を上回る部分の割増賃金を時間換算したものです。通常の割増率の部分は、これまで通り25％以上の割増率による割増賃金の支払いが必要です。

労使協定で定める事項

代替休暇を与えるためには、事業場の労働者の過半数で組織する労働組合（そのような労働組合がない場合は事業場の労働者の過半数を代表する者）と間で労使協定を締結しなければなりません。

労使協定で定めなければならない事項として、①代替休暇として与えることができる時間数の算定方法、②代替休暇の単位、③代替休暇を与えることができる期間、④代替休暇の取得日の決定方法、⑤割増賃金の支払日、があります。

①の時間数の算定方法ですが、１か月の時間外労働時間数から60を

■ 賃金の割増率 ・・・

時間帯	割増率
時間外労働	25％以上
時間外労働（月60時間を超えた場合の超えた部分）	50％以上 ※
休日労働	35％以上
時間外労働が深夜に及んだとき	50％以上
休日労働が深夜に及んだとき	60％以上

※労働時間が１か月60時間を超えた場合に支払われる残業代の割増率については、
　令和５年４月１日より、中小企業に適用される。

差し引いて、換算率を乗じます。この換算率は、法定通りの割増率の場合は、60時間を超えた部分の時間外労働の割増率50％から通常の時間外労働の割増率25％を差し引いた25％となります。法定を上回る割増率を定めている場合は、60時間を超えた時間外労働の割増率から通常の時間外労働の割増率を引いた数字になります。たとえば、通常の時間外労働の割増率が30％、1か月60時間を超える時間外労働の割増率が65％の場合は、65から30を差し引いた35％が換算率になります。

　③の代替休暇を与えることができる期間は、長時間労働をした労働者の休息の機会を与えるための休暇ですから、時間外労働をした月と近接した期間内でなければ意味がありません。そのため、労働基準法施行規則で、時間外労働をした月から2か月以内、つまり翌月または翌々月と定められています。労使協定ではこの範囲内で定めます。

■ 割増賃金の支払いと代替休暇の付与 ⋯⋯⋯⋯⋯⋯⋯⋯⋯⋯⋯⋯

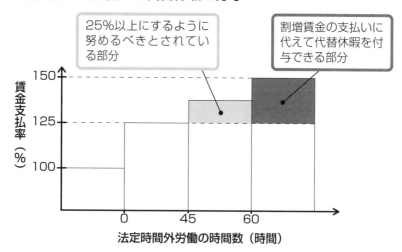

Q 平均賃金算定方法のルールが知りたいのですが。

A 平均賃金は、①労働者が有給休暇を取得した場合、②労働者に減給処分をする場合、③労働者を解雇する際に労働者に支給する解雇予告手当、④使用者の責に帰すべき事由（不当解雇、原材料不足など）があって労働者を休業させるときに支払う休業手当などの算定に使用します。労働基準監督署の調査では、平均賃金に値する金額を支給しているかどうかについてもチェックされますので、気をつけなければなりません。

平均賃金の算出方法は原則として、「平均賃金を算定すべき事由の発生した日以前3か月間にその労働者に対し支払われた賃金の総額を、その期間の総日数で除した金額」になります。具体的な計算例は、下図のとおりです。これは、できるだけ直近の賃金額から平均賃金を算定することによって、労働者の収入の変動幅を少なくするためです。

ただし、この計算方法だと労働日数が少ない場合に平均賃金の金額も低下してしまうため、最低保障額の制度も用意されています。

■ **平均賃金の算出方法の原則** ……………………………………………

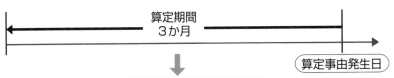

算定期間
3か月

算定事由発生日

3か月間の支払賃金の総額 ÷3か月間の総日数 ＝ 平均賃金

（例）4月21日から7月20日までの3か月間に合計90万円が支払われていた場合

90万（円）÷91（日）＝9890.1円 ➡ 平均賃金 9890円

■ 平均賃金の具体的な計算例 ……………………………………

$$\frac{算定事由の発生した日以前３か月間にその労働者に支払われた賃金総額}{上記の３か月間の総日数}$$

【「以前３か月間」の意味】

算定事由の発生した日（＊）は含まず、その前日から遡って３か月
（賃金締切日がある場合は、直前の賃金締切日から遡って３か月）

（＊）「算定事由の発生した日」とは、
　　　解雇予告手当の場合「解雇通告した日」
　　　休業手当の場合「その休業日の初日」
　　　年次有給休暇中の賃金の場合「有給休暇の初日」
　　　災害補償の場合「事故発生の日又は疾病の発生が確定した日」
　　　減給の制裁の場合「制裁意思が労働者に到達した日」

【計算基礎から除外する期間・賃金】

・業務上のケガや病気（業務災害）による休業期間
・産前産後の休業期間
・使用者の責に帰すべき事由による休業期間
・育児・介護休業法による育児・介護休業期間
・試用期間

【賃金総額から除外される賃金】

・臨時に支払われた賃金（結婚祝金、私傷病手当など）
・３か月を超える期間ごとに支払われた賃金（賞与など）
・法令・労働協約に基づかない現物給与

【平均賃金の最低保障額】

日給制、時間給制などの場合、勤務日が少ないと上記の計算式では異常
に低くなってしまう場合があるため、最低保障額が定められている。上
記計算式の算出額と、次の計算式の算出額を比較し、多い方を平均賃金
とする。

・賃金が日給、時間給、出来高給その他の請負制であった場合

$$\frac{３か月間の賃金総額}{その期間中に労働した日数} \times \frac{60}{100} \cdots Ⓐ$$

・雇入れ後３か月に満たない者の場合

　　雇入れ後に支払われた賃金総額÷雇入れ後の期間の総日数

6 三六協定について知っておこう

残業をさせるには三六協定に加えて就業規則などの定めが必要である

三六協定を結べば残業が認められる

　時間外労働および休日労働（本項目ではまとめて「残業」と表現します）は、原則として労使間で労使協定を締結し、その範囲内で残業を行う場合に認められます。この労使協定は労働基準法36条に由来することから三六協定といいます。同じ会社であっても、残業の必要性は事業場ごとに異なりますから、三六協定は事業場ごとに締結しなければなりません。事業場の労働者の過半数で組織する労働組合（過半数組合）、または過半数組合がないときは労働者の過半数を代表する者（過半数代表者）と間で、書面により三六協定を締結し、これを労働基準監督署に届ける必要があります。

　過半数代表者との間で三六協定を締結する場合は、その選出方法にも注意が必要です。選出に関して証拠や記録がない場合、代表者の正当性が否定され、三六協定自体の有効性が問われます。そこで、選挙で選出する場合は、投票の記録や過半数の労働者の委任状があると、後にトラブルが発生することを防ぐことができます。なお、管理監督者は過半数代表者になることができません。管理監督者を過半数代表者として選任して三六協定を締結しても無効となる、つまり事業場に三六協定が存在しないとみなされることに注意が必要です。

　三六協定は届出をしてはじめて有効になります。届出の際は原本とコピーを提出し、コピーの方に受付印をもらい会社で保管します。労働基準監督署の調査が入った際に提示を求められることがあります。

　もっとも、三六協定は個々の労働者に残業を義務付けるものではなく、「残業をさせても使用者は刑事罰が科されなくなる」（免罰的効

果）というだけの消極的な意味しかありません。使用者が残業を命じるためには、三六協定を結んだ上で、労働協約、就業規則または労働契約の中で、業務上の必要性がある場合に三六協定の範囲内で時間外労働を命令できることを明確に定めておくことが必要です。

使用者は、時間外労働について25％以上の割増率（月60時間を超える分は50％以上の割増率）、休日労働について35％以上の割増率の割増賃金を支払わなければなりません（42ページ）。三六協定を締結せずに残業させた場合は違法な残業となりますが、違法な残業についても割増賃金の支払いは必要ですので注意しなければなりません。

なお、三六協定で定めた労働時間の上限を超えて労働者を働かせた者には、6か月以下の懲役または30万円以下の罰金が科されます（事業主にも30万円以下の罰金が科されます）。

▌就業規則の内容に合理性が必要

最高裁判所の判例は、三六協定を締結したことに加えて、以下の要件を満たす場合に、就業規則の内容が合理的なものである限り、それが労働契約の内容となるため、労働者は残業（時間外労働および休日労働）の義務を負うとしています。

・三六協定の届出をしていること
・就業規則が当該三六協定の範囲内で労働者に時間外労働をさせる旨について定めていること

以上の要件を満たす場合、就業規則に従って残業を命じる業務命令（残業命令）が出されたときは、正当な理由がない限り、労働者は残業を拒否することができません。残業命令に従わない労働者は業務命令違反として懲戒の対象になることもあります。

前述のとおり、三六協定の締結だけでは労働者に残業義務は発生しません。三六協定は会社が労働者に残業をさせても罰則が科されないという免罰的効果しかありません。就業規則などに残業命令が出せる

趣旨の規定がなければ、正当な理由もなく残業を拒否されても懲戒の
対象にはできませんので注意が必要です。

　なお、会社として残業を削減したい場合や、残業代未払いのトラブ
ルを防ぎたい場合には、残業命令書・申請書などの書面を利用して労
働時間を管理するのがよいでしょう。また、残業が定例的に発生する
と、残業代が含まれた給与に慣れてしまいます。その金額を前提にライ
フサイクルができあがると、残業がなくなると困るので、仕事が少
なくても残業する労働者が出てくることがあります。そのような事態
を防ぐためにも、会社からの残業命令または事前申請・許可がなけれ
ば残業をさせないという毅然とした態度も必要です。

▌三六協定の締結方法

　三六協定で締結しておくべき事項は、①時間外・休日労働をさせる
（残業命令を出す）ことができる労働者の範囲（業務の種類、労働者
の数）、②対象期間（起算日から１年間）、③時間外・休日労働をさせ
ることができる場合（具体的な事由）、④「１日」「１か月」「１年間」
の各期間について、労働時間を延長させることができる時間（限度時
間）または労働させることができる休日の日数などです。

　④の限度時間については、かつては厚生労働省の告示で示されてい
ましたが、平成30年成立の労働基準法改正で、労働基準法に明記され

■ 時間外労働をさせるために必要な手続き ……………………

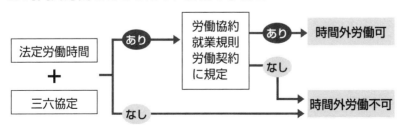

ました。1日の時間外労働の限度時間は定められていませんが、1年単位の変形労働時間制を採用している場合を除き、原則として1か月45時間、1年360時間を超える時間外労働をさせることは、後述する特別条項付き協定がない限り、労働基準法違反になります。かつての厚生労働省の告示の下では「1週間」「2か月」などの限度時間を定めることもありましたが、現在の労働基準法の下では「1日」「1か月」「1年」の限度時間を定める必要があります。

　また、三六協定には②の対象期間とは別に有効期間の定めが必要ですが、その長さは労使の自主的な判断に任せています。ただし、対象期間が1年間であり、協定内容の定期的な見直しが必要であることから、1年ごとに三六協定を締結し、有効期間が始まる前までに届出をするのが望ましいとされています。

　労使協定の中には、労使間で「締結」をすれば労働基準監督署へ「届出」をしなくても免罰的効果が生じるものもありますが、三六協定については「締結」だけでなく「届出」をしてはじめて免罰的効果が発生するため、必ず届け出ることが必要です。

特別条項付き協定とは

　労働者の時間外・休日労働については、労働基準法の規制に従った上で、三六協定により時間外労働や休日労働をさせることができる上限（限度時間）が決められます。しかし、実際の事業活動の中では、時間外・休日労働の限度時間を超過することもあります。そのような「特別な事情」に備えて特別条項付きの時間外・休日労働に関する協定（特別条項付き協定）を締結しておけば、限度時間を超えて時間外・休日労働をさせることができます。平成30年成立の労働基準法改正により、特別条項付き協定による時間外・休日労働の上限などが労働基準法で明記されました。

　特別条項付き協定が可能となる「特別な事情」とは、「事業場にお

ける通常予見することのできない業務量の大幅な増加等に伴い臨時的に限度時間を超えて労働させる必要がある場合」（労働基準法36条5項）になります。

　そして、長時間労働を抑制するため、①1か月間における時間外・休日労働は100時間未満、②1年間における時間外労働は720時間以内、③2〜6か月間における1か月平均の時間外・休日労働はそれぞれ80時間以内、④1か月間における時間外労働が45時間を超える月は1年間に6か月以内でなければなりません。これらの長時間労働規制を満たさないときは、刑事罰の対象となります（6か月以下の懲役または30万円以下の罰金）。

■ 三六協定違反に対する罰則とリスク

　三六協定に違反した場合、主に①刑事上のリスク、②民事上のリス

■ 特別条項付き協定 ……………………………………………

 原則　三六協定に基づく時間外労働の限度時間は
　　　　月45時間・年360時間

1年につき6か月を上限として限度時間を超えた
時間外・休日労働の時間を設定できる

特別条項付き協定

【特別な事情（一時的・突発的な臨時の事情）】
が必要
- ① 予算・決算業務
- ② ボーナス商戦に伴う業務の繁忙
- ③ 納期がひっ迫している場合
- ④ 大規模なクレームへの対応が必要な場合

【長時間労働の抑止】
- ※1か月につき100時間未満で時間外・休日労働をさせることができる時間を設定
- ※1年につき720時間以内で時間外労働をさせることができる時間を設定

ク、③社会上のリスクを負うこととなります。

①　刑事上の罰則

　労働管理者（取締役、人事部長、工場長など）に懲役または罰金が科せられ、事業主にも罰金が科せられることとなります。悪質な場合は労働管理者が逮捕されて取り調べを受ける場合もあります。

②　民事上のリスク

　三六協定に違反する長時間労働をさせたことにより労働者が過労死した場合、会社には何千万円といった単位での損害賠償を命じる判決が出される可能性もあります。

③　社会上のリスク

　会社が刑事上・民事上の制裁を受けたことがマスコミによって公表されると、会社の信用に重大なダメージを負います。そうなると、これまで通りの事業を継続するのは難しくなるでしょう。近年、違法な長時間労働や残業代未払いが報道され、社会的関心が高まっていることを考えると、取り返しのつかない事態を防ぐため、事業主や労働管理者は三六協定違反にとりわけ慎重に対応すべきといえます。

上限規制の適用が猶予・除外となる事業・業務がある

　平成30年成立の労働基準法改正で、平成31年（2019年）から長時間労働規制が導入されましたが（中小企業は令和２年から導入）、以下の事業・業務は、令和６年３月末まで長時間労働規制は適用されません。同年４月以降の長時間労働規制の適用に向けた準備が必要です。

・建設事業（災害の復旧・復興の事業を除く）

・自動車運転の業務

・医師

Q 三六協定を届け出ていませんでした。発覚する可能性はあるのでしょうか。罰則なども科せられるのでしょうか。

A 三六協定は、事業場の所在地を管轄する労働基準監督署へ届出をした時点で効力をもちます。そして、そもそも三六協定を作成していない場合や、作成はしたが届出をしていない場合は、罰則の対象になります。罰則は「6か月以下の懲役または30万円以下の罰金」です。時間外労働や休日労働に影響する重要な協定であるため、他の労使協定に比べて罰則が重くなっています。

ただし、上記の罰則は「三六協定を届け出ずに労働者に時間外労働・休日労働をさせた場合」に適用されます。したがって、すべての労働者に残業が全く発生しない事業場の場合は、罰則の対象になりません。ただし、1年のうち1時間でも残業が発生する場合は、三六協定の作成・届出が義務となるため、違反した場合は罰則の対象となります。これは、届出を行わなかった理由がどのようなものであれ同じです。届出を忘れていた場合でも、労働基準監督署による調査で発覚した場合でも、罰則は変わりません。

もっとも、提出済みの三六協定の有効期間が過ぎており、届出を忘れていた場合などは、新たに届出を行えば罰則を免れる可能性があります。ただし、遅延理由書など、提出が遅れた理由を記入しなければならないことがあります。三六協定は過去にさかのぼって締結できない労使協定であるため、有効期間後に提出を行う場合は、必ず提出後の日付で行う必要があります。

三六協定の作成・届出において最も深刻なケースが、作成・届出を行っていない上に残業代を支払っていない場合です。この場合は、上記の罰則が適用されることに加え、最大3年分の残業代の支払や遅延損害金の支払いを行わなければなりません（裁判所に付加金の支払いを命じられる場合もあります）。

7 残業時間と限度時間について知っておこう

医学的な見地から算出された限度時間がある

▌月45時間を超える場合には要注意

　労働時間が長くなると疲労が蓄積します。長時間労働が長期間にわたって続くと、蓄積した疲労が原因となって健康状態が悪化します。

　会社（使用者）は、自らが雇用する労働者に対して安全配慮義務を負います。この点は、労働契約法5条において、「使用者は、労働契約に伴い、労働者がその生命、身体等の安全を確保しつつ労働することができるよう、必要な配慮をするものとする」と明文化されており、もし違反すれば、会社は労働者に対して損害賠償責任を負うこととなります。会社としては、労働者の労働時間を適切な時間にとどめるように管理して、労働者が健康障害を起こさないように注意しなければなりません。労働時間の管理において、よく言われる基準となる数字として「1か月に45時間までの残業時間」があります。

　45時間という数字は、一般の人が1日7〜8時間の睡眠をとった場合に、残業時間にあてられる時間の1か月分の合計です（1日2〜2.5時間×20日間）。つまり、1日7〜8時間睡眠をとることができれば、健康的な生活を維持することができる、とする医学的な見地から算出された数字です。したがって、1か月の残業時間が45時間を超える場合には、労働者の健康状態に注意する必要があるということです。

　また、1か月の残業時間が80時間を超えているかどうかも1つの目安となります。この数字は、1日6時間の睡眠をとった場合に残業時間にあてられる時間（1日4時間の残業時間）を基準として、1か月あたり20日間働くものとして算出された数字です。医学的には、1日6時間の睡眠時間を得られていれば過労死につながる健康障害が生じ

るリスクは増加しないとされています。したがって、1か月に80時間という数字も1つの目安になります。

　以上に対し、1か月の残業時間が100時間を超えている場合には、かなり健康上のリスクは高まっているといえます。100時間の残業ということは、1日5時間の残業を1か月あたり20日間行った場合と同等です。1日5時間の残業をする場合、1日5時間程度の睡眠時間しか確保できていないことになります。医学的には、睡眠時間が1日5時間を切ると、虚血性心疾患・脳血管障害が増加するリスクが高まるとされています。したがって、残業時間が1か月あたり100時間を超える労働者がいる場合には、過労死のリスクが高くなりますから、会社としても労災事故を起こすリスクが高くなるといえるのです。

▌明示的な指示がない場合

　労働者が残業をしたとしても、上司が残業を命じた場合でなければ、会社としては残業と認めない、という姿勢の会社は結構多いようです。このような会社でも、会社側が業務上必要だと判断して、労働者に対

■ 三六協定の上限時間 ………………………………………………

臨時的な特別の事情があって
労使が同意する場合（年6か月まで）

> 時間外労働
> 　…年720時間
> 時間外労働＋休日労働
> 　…月100時間未満、
> 　　2〜6か月平均80時間以内

原則の上限時間

> 1か月45時間　年360時間（休日労働含まず）

して残業を命じた場合には特に問題は生じません。もしこの場合に残業代を支払わなければ、明らかな法律違反になります。

　一方、上司が労働者に残業するように命じていないにもかかわらず、勝手に労働者が残業した場合、会社としては残業代を支払う義務はないと考える労働管理者（経営者、人事部長、工場長など）は多いようです。

　しかし、労働者がしていた仕事によっては、その労働者が会社に残って仕事をしていた分について残業代を支払わなければならないケースもあります。

　たとえば、残業しないと間に合わないほどの業務を上司が労働者に命じた場合です。この場合、たとえ上司が明示的に残業を命じなかったとしても、黙示的に残業を命令したものとして扱われる場合があります。また、労働者が残業しているところを見ていながら、何も言わずにいたような場合、黙示的に残業を命令したと判断される可能性があります。

　逆に、上司から残業をしないように命じられていたにもかかわらず、これに反して労働者が残業した場合は、主に2つの点が問題になります。

　まずは、当該会社にとって「時間外労働が適法に行えるか否か」です。労働者の時間外労働や休日労働をすべて禁止している会社の場合、時間外労働や休日労働を適正に管理するための三六協定が未締結である場合があります。この場合、残業手当の対象となる時間外労働や休日労働そのものが違法と考えられる場合があります。

　次に、会社側が時間外労働と休日労働の禁止について周知徹底していたかどうかです。たとえば、時間外労働や休日労働の禁止と残業の必要が生じたときは役職者が引き継ぐべきという指示や命令を、社内通知、朝礼、上司を通じて繰り返し知らされていたかどうかです。

　これらの2点について、命令に反した労働者が知り得る状態にあったと判断されるときは、残業代を支払う義務はないと考えられます。

8 固定残業手当について知っておこう

人件費の予算管理を効率化できる

固定残業手当とは何か

使用者は、労働者に時間外労働をさせた場合、割増賃金を支払わなければなりません。もっとも、時間外労働に対する割増賃金（残業手当）を固定給に含め、時間外労働の有無に関係なく、毎月定額（固定残業手当）を支給している会社も少なくありません。固定残業手当を適法に行うには、①基本給と固定残業手当を明確に区分する、②固定残業手当に含まれる時間外労働の時間数（固定残業時間）を明確にする、③固定残業時間を超過して時間外労働をさせた場合の他、休日労働や深夜労働をさせた場合には、別途割増賃金を支給する、という3つの要件を満たす必要があります。

その上で、固定残業手当を導入するには、会社の就業規則を変更しなければなりません。就業規則の一部である賃金に関する規程（賃金規程など）の変更でもかまいません。そして、変更した就業規則を労働者に周知することも必要です。なお、固定残業手当の導入が賃金の引下げを伴うような場合には、原則として個々の労働者の同意を得ておかなければなりません。

特に基本給と割増賃金部分の区分は、支給されるはずの割増賃金が適法に支払われているかどうかを、労働者が確認する手段として重要です。固定残業手当を支払うことが認められるとしても、固定残業手当が実際の時間外労働の時間数で計算した金額を明確に下回ると判断された場合には、その差額の支払いを請求されるトラブルが生じますので注意が必要です。

なぜ固定残業手当を導入するのか

　固定残業手当の導入によるメリットとして、まず、同じ業務を残業なしでこなす労働者と残業月10時間でこなす労働者との間では、通常の残業手当だと不公平に感じられますが、固定残業手当では公平感があります。また、固定残業手当の導入によって給与計算の手間が大幅に削減されます。さらに、固定残業時間以内であれば追加の人件費が発生せず、毎月の人件費がある程度固定化される（人件費の大まかな把握が可能となる）ので、予算管理がしやすくなります。従業員の立場からすると、残業してもしなくても同じ給与なので、効率的に業務を遂行する方向性になり、結果として残業の減少につながります。

業種によっては固定残業手当がなじまない

　固定残業手当がすべての業種に適しているとは限りません。たとえば、小売店や飲食店は、営業時間が毎日ほぼ同じで、開店前や閉店後の業務の時間も大きな変動はないため、毎日ある程度一定の労働時間となります。このような業種では、固定残業手当を導入しやすいといえます。営業職の場合も、日中のクライアント訪問、帰社後の残業による提案書の作成などのように、一定の時間外労働が見込まれるならば固定残業手当の導入を検討することができます。

　一方、生産ラインが確立されている製造業や、一般的な事務職の場合は、業務量の増減を各労働者の裁量では行うことが難しいと考えられます。そのため、固定残業手当を導入するより、実際に時間外労働をした時間に対しその都度計算した残業手当を支給する方が、労働者のモチベーションにつながると共に、人件費の軽減につながります。

固定残業時間はどのくらいが目安なのか

　労働基準法では、時間外労働や休日労働を行わせるには、労使間で三六協定を締結し、それを労働基準監督署に届け出ることを義務付け

ています。この三六協定で設定できる時間外労働の限度時間が、原則として1か月45時間、1年360時間です。そうなると必然的に、1年間の限度時間360時間の12分の1、つまり月30時間が固定残業時間を設定する上での上限となります。もちろん、実際にそれほど時間外労働をしていない場合はもっと少なくなります。

　固定残業手当は「これさえ支払えば、時間外労働に対する割増賃金の支払いが不要になる」という便利なものではありません。固定残業時間を超過した場合は、別途超過分の時間外労働に対する割増賃金を支払う必要があります。反対に、固定残業時間を超えていないからといって、余り分を「おつり」として回収することはできません。ムダな手当を支払わないという意味でも、固定残業手当は今までの平均的な時間外労働時間をベースに検討するのが得策です。

　ただし、固定残業時間を超過した場合は、その分について別途時間外労働に対する割増賃金を支払う必要がありますが、実務上この給与計算が煩雑で対応しきれない会社もあります。その場合は、月30時間を上限とするなど、若干多めに固定残業時間を設定し、固定残業時間以内に収まるようにした方がよいでしょう。

■ 固定残業手当込みの賃金の支払い ……………………………………

基本給	固定残業手当

各月に支給する固定残業手当込みの賃金

> ただし、固定残業時間（固定残業手当に含まれる時間外労働の時間数）を超えて時間外労働をさせた場合には別途割増賃金の支払いが必要

年次有給休暇について知っておこう

年次有給休暇とは

　年次有給休暇（有給休暇）とは、給料（賃金）が支払われる休暇のことです。「年休」「有休」と略して呼ばれることも多いです。労働者は「会社の休みの日」として、１週１日（あるいは４週４日）の法定休日に加え、有給休暇を取得することができます。

　有給休暇の目的は、労働者が心身ともにリフレッシュし、新たな気持ちで仕事に向かえるようにすることにあります。有給休暇の取得は労働者の権利ですから、使用者（会社）は、労働者が安心して有給休暇を取得できるような職場環境を作らなければなりません。また、使用者は、有給休暇を取得した労働者に対し、賃金の減額その他不利益な取扱いをしないようにしなければなりません。

　有給休暇の権利（年休権）を取得するには、①入社時から付与日まで（最初の有給休暇は入社時から６か月以上）継続して勤務していること、②付与日の直近１年（最初の年次有給休暇は入社時から６か月）の全労働日の８割以上出勤したこと、という２つの要件を満たすことが必要です。この２つの要件を満たせば、労働基準法で定められた日数の年次有給休暇が自動的に与えられます。なお、②の「全労働日の８割」を計算する際、以下の期間は出勤したものとみなされます（労働基準法39条10項）。

・業務上の負傷または疾病による療養のために休業した期間

・産前産後の休業期間

・育児・介護休業法による育児休業・介護休業の期間

・有給休暇を取得した期間

有給休暇日数の決定方法

　年次有給休暇（有給休暇）は、労働者の勤続年数に応じて優遇されていく（与えられる日数が増えていく）システムになっています（労働基準法39条1項〜3項）。

　具体的には、前述した①②の要件を満たすと、最初の6か月を経過した段階で10日間の有給休暇が与えられます。そして、勤続1年6か月を経過すると11日、勤続2年6か月で12日となり、1日ずつ増えていきます。さらに、勤続3年6か月経過した段階から2日ずつ加算され、最大20日間与えられます（勤続6年6か月を経過した時点で上限の20日間に到達します）。

　ただし、上記の日数は、いわゆるフルタイム（週5日勤務）の労働者の場合であるため、週4日以下の勤務の労働者に与えられる有給休暇の日数は、上記の日数より少なくなります（65ページ図）。

　取得した有給休暇は、翌年に繰り越すことができますが、年休権が2年間の経過で時効消滅するため（労働基準法115条）、翌々年以降に有給休暇を繰り越すことができないことに注意が必要です。

有給休暇の年5日付与にも気をつける

　人手不足で年次有給休暇（有給休暇）取得すると仕事が進まない、職場の誰も有給休暇を取得していないので取得すると雰囲気が悪くなるなど、有給休暇の取得がなかなか進まない問題がありました。そこで、平成31年（2019年）4月以降、時季を指定して有給休暇を取得させることが義務化されています（有給休暇の時季指定義務）。これに違反した場合は30万円以下の罰金が科されます。

　具体的には、有給休暇が年10日以上付与される労働者に対し、付与した日から1年以内に5日（年5日）の有給休暇を、使用者が時季を指定して取得させなければなりません。ただし、労働者が自ら請求して取得した日数分と計画年休（64ページ）の日数分は「1年以内に5

日」から差し引くことができます。たとえば、労働者が3日分の有給休暇を自ら請求して取得済みの場合、使用者には2日分の有給休暇の時季指定義務が発生します。なお、時間単位で取得した年休は「1年以内に5日」に加えることができないため注意が必要です。

使用者は休暇申請を拒否できない

　労働者が有給休暇を取得する際は「いつからいつまで有給休暇を取得します」と具体的な取得日を使用者に申し出るだけで十分です。原則として、労働者が使用者に申し出た日が、そのまま有給休暇の取得日になります。これを労働者の権利として時季指定権といいます（労働基準法39条5項）。有給休暇は労働者が使用者の許可を得て休ませてもらうものではなく、労働者が年休権に基づいて、実際に休む日を決める手続きといえます。

基準日の設定と分割付与

　有給休暇は、入社後6か月を経過した時に10日付与され、その後1年を経過するごとに一定日数が付与されるしくみです（61ページ）。しかし、入社日は労働者ごとに異なることも多く、個々の労働者に応じて有給休暇の付与を行うと、付与日数や消化日数の管理が複雑になります。そのため、有給休暇を付与する基準日を設定し、管理上の負担を軽減する「斉一的取扱い」を取ることが認められています。実務上は、毎年4月1日または10月1日を基準日として、全労働者に対し一斉に有給休暇を付与するケースが多いようです。

　また、新入社員など初年度の労働者については、法定の有給休暇の付与日数を一括して与えずに、その日数の一部を法定の基準日以前に付与することもできます（分割付与）。

　ただし、斉一的取扱いや分割付与が認められるには、①有給休暇の権利（年休権）の取得要件である8割出勤の算定において、短縮され

た期間は全期間出勤したとみなすこと、②次年度以降の有給休暇の付与日も、初年度の付与日を法定基準日から繰り上げた期間と同じまたはそれ以上の期間を法定基準日より繰り上げること、という要件を満たすことが必要です。

また、前倒しで有給休暇を付与する分、会社の管理の負担が増えるので、斉一的取扱いや分割付与の導入は慎重に検討することが必要です。年次有給休暇の管理については、年次有給休暇記録・管理簿を作成し、付与日数、消化日数、残日数を記録しましょう。

使用者は時季変更権を行使できる

会社からすれば、繁忙期に労働者が一斉に有給休暇を取得してしまうと困る場合があります。そこで、労働基準法は、両者の調整を図る観点から、労働者が請求した時季に休暇を与えると事業の正常な運営に支障をきたす場合、使用者は他の時季に休暇を与えることができると規定しています（労働基準法39条5項、時季変更権）。

事業の正常な運営に支障をきたす場合に当たるかどうかは、労働者の所属する事業場を基準にして、事業の規模・内容、当該労働者の担当する作業の内容・性質、作業の繁忙、代行者の配置の難易、他の年休請求者の存在など、諸々の状況を総合的に考慮して判断します。

たとえば、会社の時季変更命令を無視して1か月の連続休暇を取得した事件で、時期変更命令を適法とし、会社が懲戒解雇としたことを有効と認め、解雇無効の訴えを退けた裁判例があります（東京高裁平成11年7月19日判決）。もっとも、単に人手不足である、業務が忙しいという理由だけで時季変更権を行使することは許されません。

計画年休を導入する際の注意点

年次有給休暇（有給休暇）は、原則として、労働者が休暇日を自由に指定できますが、例外として、年5日を超える分（たとえば、有給

休暇が年13日の労働者は年8日以内の分）について、使用者が個々の労働者の意思にかかわらず、労使協定で休暇日を定めることができます。これを年休の計画的付与または計画年休といいます。

　計画年休の付与の方法として、①事業場全体の休業による一斉付与方式、②グループ別の付与方式、③年休付与計画表による個人別付与方式の3つがあります。たとえば、①の一斉付与方式を利用すれば、ゴールデンウィークに一斉に有給休暇を取得し、会社全体で連続の休みにすることができます。

　年休の計画的付与を活用すると、使用者には、有給休暇の日程を計画的に決めることができるというメリットがあります。労働者には、有給休暇を取得しにくい職場の雰囲気があっても、有給休暇が取得しやすくなり取得率が向上し、労働時間の短縮につながるというメリットがあります。一方、自分の都合のよい日を自由に有給休暇に指定することができなくなるというデメリットもあります。なお、労使協定により年休の計画的付与を決めた場合には、労働者・使用者ともに取得時季を変更することができなくなります。

　年休の計画的付与を導入するには、書面による労使協定（過半数組合がある場合にはその労働組合、過半数組合がない場合には労働者の過半数代表者と使用者との間の書面による協定）の締結が必要です。この労使協定の届出は不要です。

▍有給休暇の取得率が低いのが日本の問題点

　日本は有給休暇取得率が低い国とされています。フランスやスペインなどは、バカンスの習慣があることも影響し、ほぼ100％の有給休暇取得率であるのに対し、日本は55％程度の有給休暇取得率となっています（令和3年就労条件総合調査の概況より）。そこで、有給休暇の取得を促す策として、前述した有給休暇の時季指定義務を使用者に課したり、計画年休の導入を可能にしています。

有給休暇取得率の問題は、もともと勤勉とされる日本人の性質が起因とされています。労働者としては、仕事が忙しくて休む暇がない、休んだ翌日にたまった仕事を片付ける手間を恐れる、有給休暇取得を言い出せない雰囲気の職場に勤めているなどの理由から、有給休暇の取得が進まない状況となっています。一方、会社としては、労働者に休まれて予定通りに仕事が回らなくなる心配や、そもそも会社を休んだ労働者に給与を支払うことへの抵抗感などから、有給休暇の取得を促せない状況となっています。

　しかし、有給休暇の取得は、労働者の権利であると共に、会社の義務でもあるため、会社は必ず付与しなければなりません。労働者が有給休暇の取得を望んでいるのに会社が付与しなかった場合、労働基準法が定める罰則の適用がある他、会社の損害賠償責任を認めた裁判例もあります（大阪高裁平成24年4月6日判決）。会社は有給休暇の取得を拒むことなく、その取得を促進しなければなりません。

■ 有給休暇取得日数 ……………………………………………

労働日数　　　　　　　　　　継続勤務年数	0.5	1.5	2.5	3.5	4.5	5.5	6.5以上
①通常の労働者、週の所定労働時間が30時間以上の短時間労働者	10	11	12	14	16	18	20
②週の所定労働時間が30時間未満の労働者							
週の所定労働日数が4日または1年の所定労働日数が169日〜216日までの者	7	8	9	10	12	13	15
週の所定労働日数が3日または1年の所定労働日数が121日〜168日までの者	5	6	6	8	9	10	11
週の所定労働日数が2日または1年の所定労働日数が73日〜120日までの者	3	4	4	5	6	6	7
週の所定労働日数が1日または1年の所定労働日数が48日〜72日までの者	1	2	2	2	3	3	3

線で囲んだ日数を付与された労働者は年休の5日付与義務の対象者

10 年休の買い上げや時間単位の有給休暇について知っておこう

労働者は時間単位で有給休暇を取得できる場合がある

年休は買い上げることができる場合がある

　年休（年次有給休暇）は労働基準法に基づいて労働者に与えられた権利です。そのため、使用者が年休を労働者から買い上げて（労働者に金銭を支払って）、労働者に年休を与えたものとし、買い上げた分だけ労働者の年休の日数を減らすことや、労働者から請求された日数分の休暇を与えないことは、年休の制度の趣旨に反し、労働基準法違反になります。休暇をとることで労働者が心身の疲労を回復させるという年休の目的を妨げることになるからです。

　ただし、以下の３つの場合に限っては、使用者が年休を買い上げても労働者に不利益が生じないので、例外的に許されます。

① 　取得後２年が経過しても未消化の日数分
② 　退職する労働者が退職する時点で使い切っていない日数分
③ 　法定外に付与した日数分

退職の直前に有給休暇を請求された場合

　労働者が有給休暇（年次有給休暇）を請求した場合、取得時季については、使用者の承諾を要せず指定できますが、使用者が適法に時季変更権を行使した場合には、取得時季が他の時季に変更されます。

　しかし、退職を予定する労働者が、有給休暇の残日数を取得することを見込んで退職日を決め、一括して取得を請求した場合はどうでしょうか。この場合、他に変更できる時期はありませんから、使用者は時季変更権を行使できず、本人の請求する時季に有給休暇を与えなければなりません。なお、退職時に未消化の有給休暇を買い上げるこ

とも可能ですが、買い上げることを理由に有給休暇の請求を拒否することはできません。

時間単位の有給休暇とは

時間単位の有給休暇（年休）とは、労働者が時間単位で有給休暇を取得する制度です。有給休暇を時間単位で取得できるようにする条件として、①労使協定を締結すること、②日数は年に5日以内とすること、③時間単位で取得することを労働者が希望していること、が必要です。

時間単位の有給休暇を与える手続きについては、当該事業場に過半数組合があるときはその労働組合、それがないときは過半数代表者と使用者との書面による協定によって、以下の⑧〜⑨の内容を定めなければなりません（労働基準法39条4項）。

⑧　時間を単位として有給休暇を与えることができるとされる労働者の範囲を定めること

⑨　時間を単位として与えることができるとされる有給休暇の日数（5日以内に限る）

ⓒ　時間単位年休1日の時間数（所定労働時間数を基に定め、時間に満たない端数は時間単位に切り上げて計算する）

ⓓ　その他厚生労働省令で定める事項（1時間以外の時間を単位とする場合の時間数など）

時間単位の有給休暇を取得した場合に支払われる金額

時間単位の有給休暇を取得する場合の具体的に支払われる金額は、以下の①〜③の金額をその日の所定労働時間数で割って決定されることになります（労働基準法39条9項）。①〜③のいずれを基準とするかは、就業規則などに定めることが必要です。

なお、③の標準報酬日額とは、標準報酬月額（毎月の給料など報酬

の月額を区切りのよい幅で区分した金額）の30分の1に相当する金額のことです。

① 平均賃金

② 所定労働時間労働した場合に支払われる通常の賃金

③ 当該事業場に過半数組合があるときはその労働組合、それがないときは過半数代表者との書面による協定によって定めることで、健康保険法の標準報酬日額に相当する金額

時間単位の考え方

　時間単位の有給休暇における時間単位の設定については、必ずしも1時間単位でなくてもよいですが、その場合は、2時間単位、3時間単位などと労使協定で定めておく必要があります（労使協定で時間単位を定めない場合は1時間単位となります）。

　ただし、1.5時間といった1時間に満たない端数が生じる単位（分単位など）で取得することや、1日の所定労働時間を上回る時間数を時間単位として定めることはできません。たとえば、1日の所定労働時間が5時間の労働者の場合に、時間単位について6時間単位と定めることはできません。

■ 時間単位の有給休暇のしくみ ・・・・・・・・・・・・・・・・・・・・・・・・・・・・・・・・・・・

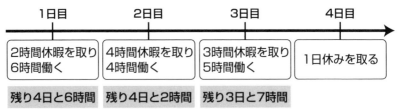

1日目	2日目	3日目	4日目
2時間休暇を取り6時間働く	4時間休暇を取り4時間働く	3時間休暇を取り5時間働く	1日休みを取る
残り4日と6時間	残り4日と2時間	残り3日と7時間	

※時間単位の年次有給休暇制度を導入すれば、上記のような働き方が可能になる
　時間単位で取得できる年次有給休暇の日数は最大で5日間
※所定労働時間が8時間の場合

年次有給休暇の管理簿を
チェックする

年次有給休暇は取得しやすい環境と制度を作ることが重要

休暇管理簿を作成して各労働者の取得日数を管理する

　会社は労働者が年次有給休暇（有給休暇）を取得しやすいように努めなければなりません。年次有給休暇を管理するには、日々の出退勤を記録する通常の出勤簿とは別個に、年次有給休暇の取得日数を一覧することのできるような休暇管理簿（70ページ）を作成するとよいでしょう。ただし、通常の出勤簿だけでなく休暇管理簿についても、3年間は保存しておかなければならないので、作成したままにすることのないように注意してください。

　特に、労働者全体の年次有給休暇取得率が低い会社の場合には、休暇管理簿を作成すると、各労働者の年次有給休暇の取得状況がどうなっているのかを視覚的に把握することができます。

　現状を把握して年次有給休暇の取得率が低いことが判明した場合には、労働者の年次有給休暇取得率を上げるための対策を練ることが必要です。平成30年成立の労働基準法改正で、年10日以上の年次有給休暇が付与されている労働者には、年5日以上の年次有給休暇を取得させないと罰則の対象となったためです（30万円以下の罰金）。

　そのためには、1年の業務の流れを洗い出して、各労働者が年次有給休暇を取得しても業務に支障のない時期を確認してください。取得しやすい時期を確認したら、その時期に計画的に年次有給休暇を取得するように社員に促すとよいでしょう。部長・課長などの管理者に対しては、部下が年次有給休暇を計画的に取得できるようにある程度の管理をさせる方法も有効です。

年次有給休暇表

	氏名　北風　太陽	令和○年度分

部門名　第一システム部		前年度繰越分		
入社年月日　令和○年10月1日	有効期間 令和○年4月1日から 令和○年3月31日まで	法定分　16日	付加分　3日	計　19日

年次有給休暇年月日 自　年月日 ～ 至　年月日	有効期間及び年次有休休暇日数	使用日数（時間数）	残日数（時間数）	本人申請年月日	直属上司印	部門長印	備考
令和○年 8月19日 ～ 令和○年 8月20日	令和○年 3月31日まで	2日 時	17日 時	7／25	南川	西山	
年 月 日 ～ 至 年 月 日	年 月 日	日 時	日 時	／			
年 月 日 ～ 年 月 日	年 月 日	日 時	日 時	／			
年 月 日 ～ 年 月 日	年 月 日	日 時	日 時	／			
年 月 日 ～ 年 月 日	年 月 日	日 時	日 時	／			
年 月 日 ～ 年 月 日	年 月 日	日 時	日 時	／			
年 月 日 ～ 年 月 日	年 月 日	日 時	日 時	／			
年 月 日 ～ 年 月 日	年 月 日	日 時	日 時	／			
年 月 日 ～ 年 月 日	年 月 日	日 時	日 時	／			
年 月 日 ～ 年 月 日	年 月 日	日 時	日 時	／			
年 月 日 ～ 年 月 日	年 月 日	日 時	日 時	／			

Q 年次有給休暇を与えた場合の賃金の算定方法はどのようになっているのでしょうか。

A 年次有給休暇（有給休暇）を与えた場合の賃金の算定方法として、①平均賃金、②所定労働時間労働した場合に支払われる通常の賃金、③健康保険法40条1項に定める標準報酬日額に相当する金額、の3つがあります（労働基準法39条9項）。いずれを選択するかは、就業規則などの規定によりますが、一般的に②を選択しているケースが多いようです。

① **平均賃金**

年次有給休暇を取得する際の平均賃金の算定は、「年次有給休暇を取得した日（2日以上のときは、最初の日）」を「算定すべき事由の発生した日」として行います。

② **所定労働時間労働した場合に支払われる通常の賃金**

所定労働時間労働した場合に支払われる通常の賃金の算定方法は、労働基準法施行規則25条に規定されています。これによると、時給1000円で7時間働く場合は1000×7＝7000円、日給6,000円の場合は6,000円、週給5万円で週5日働く場合は5万円÷5＝1万円、月給22万円で月20働く場合は22万円÷20＝1万1,000円、などの計算で1日分の賃金を算定します。このことから、変形労働時間制を採用している場合であっても、必ず基準となる所定労働時間を定めておく必要があります。

③ **健康保険法40条1項に定める標準報酬日額に相当する金額**

標準報酬日額とは、標準報酬月額の30分の1に相当する額をいいます。標準報酬月額とは、月々の賃金を区切りのよい幅で区分したものをいい、健康保険料や厚生年金保険料を算定する際に使用されます。③の方法によって支払う場合は、使用者は、労働者の過半数で組織する労働組合などと、書面による協定を締結する必要があります。

12 育児休業の対象や改正内容

労働者が出生後の子を養育するためにする休業制度

どんな人が対象なのか

育児休業は労働者の権利として認められているわけですから、原則として、労働者であれば1歳未満の子どもを養育している場合、男女を問わず、事業主に申し出ることにより育児休業をすることができます。

育児・介護休業法が定める要件は、有期雇用労働者（期間を定めて雇用されている者）については、子が1歳6か月に達する日までに、労働契約（更新される場合には、更新後の契約）の期間が満了することが明らかでないことです。

育児休業は、女性に限らず男性も取得することができます。しかし、男性の取得はまだまだ少ないのが現状です。そこで、令和3年に育児休業の取得をさらに促進するための法改正が行われました。具体的な内容は、次のとおりです。

① 男性の育児休業取得促進に向けた、子の出生直後の時期における柔軟な育児休業の取得の枠組みの創設

女性に対しては、労働基準法で産後（出産後）8週間は産後休業をさせなければなりません。それにならって、男性も任意で子の出生後8週間以内に4週間まで育児休業を取得できる新たな枠組みが創設されます。この枠組みは「出生時育児休業（産後パパ育休）」とも呼ばれています。産後パパ育休は、通常の育児休業とは別に取得可能です。

現在、男性が育児休業を取得する時期は、妻の出産後というのが多くを占めることから、その時期に育児休業を柔軟に取得しやすくすることがねらいです。そのため、休業の申出期限は通常の1か月前から原則2週間前に短縮され、取得回数が1回と制限されていたものが2

回に分割取得することが可能となります（分割取得をするときは最初にまとめて申し出ることが必要です）。

　さらに、育児休業期間中でも、事前に労使協定を締結し、労働者と事業主の間で合意した範囲で休業中に就業することも可能な制度設計となっています。具体的には、休業期間中の労働日・所定労働時間の半分までの就業が可能とされました。

　また、この枠組みの創設に合わせて、育児休業給付が適切に行われるように雇用保険法の改正も同時に行われました。これらの制度は、令和4年10月1日から実施されています。

② 　育児休業を取得しやすい雇用環境整備、妊娠や出産の申出をした労働者に対する個別の制度周知・意向確認の措置の義務付け

　まず、育児休業を取得しやすい雇用環境整備の措置が事業主に義務付けられました。具体的な措置については、研修や相談窓口などの複数の選択肢から選択することが求められています。

　次に、労働者またはその配偶者が妊娠や出産したことの申出をした際に、面談または書面などの方法によって個別に制度周知・意向確認の措置を講じることが義務付けられました。従来からの育児休業制度

■ 改正後の育児休業のイメージ ・・・・・・・・・・・・・・・・・・・・・・・・・・・・・・・・・

● 保育園に入所できない等の場合
【産休：産後休業 / 育休：育児休業 / パ：産後パパ育休 】

	子の出生　　　　出生後8週		1歳	1歳6か月	2歳
妻	産休 →	育休 →	育休	育休	
夫	パ　パ	育休　育休	育休	育休	

出生後の8週について2回に分けて取得可能

現行の育児休業を2回に分けて取得可能（妻も2回に分けて取得可能）

育休開始時点を柔軟化することで、1歳以降の育休についても夫婦途中交代が可能

を個別周知する措置の努力義務を義務化するとともに、意向確認の措置をあわせて義務化しています。

　なお、面談などの際に「育児休業を取得されると職場の仕事が滞る」などのように、育児休業の取得を控えさせるような言動による周知や意向確認は認められません。これらの措置は、令和4年4月1日から義務付けられています。

③　育児休業の分割取得

　従来は、育児休業の申出は1人の子につき1回で、申出ができる休業は連続したひとまとまりの期間の休業でしたが、今後は2回まで分割取得することが可能になります（次ページ図）。

　たとえば、共働き世帯では、育児休業を取得していた妻が一度職場に復帰し、再度、育児休業を取ることが可能です。そして、妻の職場復帰期間については、交代で夫が育児休業を取得するなど、家庭の事情で会社でのキャリアプランをあきらめずに、ワークライフバランスを保つことができます。

　また、1歳以降に延長した場合の育休開始日が各期間（1歳から1歳6か月まで、1歳6か月から2歳まで）の初日に限定されていたため、各期間の開始時点でしか夫婦が育児休業を交代することができませんでしたが、今後は育休開始日を柔軟にすることで、各期間の途中でも夫婦交代が可能となりました。

　育児休業の分割取得に合わせて、育児休業給付が適切に行われるように雇用保険法の改正も同時に行われました。これらの制度は、令和4年10月1日から実施されています。

④　育児休業取得状況の公表

　常時雇用する労働者（契約社員、パート社員などを含む）が1000人を超える事業主に対して、育児休業（産後パパ育休などを含みます）の取得状況を少なくとも年1回公表することが令和5年4月1日から義務付けられます。

⑤　有期雇用労働者の育児休業取得要件の緩和

　育児休業を取得できる有期雇用労働者の要件のうち、「同一の事業主に引き続き１年以上雇用されていること」が廃止され、「子が１歳６か月に達する日までに、労働契約（更新される場合には、更新後の契約）の期間が満了することが明らかでないこと」という要件のみになりました。もっとも、労使協定を締結することによって、「その事業主に継続して雇用された期間が１年未満の者」を育児休業の対象から除外することは引き続き可能です。この制度は、令和４年４月１日から実施されています。

■ 育児・介護休業法等の改正概要と施行時期 ……………………

法律	改正内容		施行時期
育児・介護休業法の改正	1.育児休業等の周知等に関する見直し	妊娠・出産の申出をした労働者に対する**個別周知・取得者意向確認**の措置の位置付け	令和４年４月１日
		育児休業を取得しやすい**雇用環境整備**の義務付け	
	2.育児休業の見直し	有期雇用労働者の育児・介護休業**取得要件の緩和**	
		育児休業の**申出方法等**の見直し（省令改正事項）	
		育児休業の**分割取得**	令和４年１０月１日
		育児休業の**撤回ルール**の見直し	
		１歳到達日後の育児休業の見直し	
	3.出生時育児休業の創設		
	4.1,000人超の企業に**育児休業の取得状況公表の義務付け**		令和５年１０月１日
雇用保険法の改正	育児休業給付金のみなし被保険者期間の特例	育児休業給付金の**みなし被保険者期間の特例**	令和３年９月１日〈施行済〉
	育児休業給付の改正	育児休業給付の**改正**	令和４年１０月１日

13 テレワークにおける適切な 労務とは

管理のためのガイドラインの概要をおさえておく

ガイドラインの適用対象

テレワークに伴う労働者の適切な労務管理のために、厚生労働省は平成30年2月に「情報通信技術を利用した事業場外勤務の適切な導入及び実施のためのガイドライン」を策定しました。そして、感染症の拡大によってテレワークをより推進するため、令和3年3月25日に「テレワークの適切な導入及び実施の推進のためのガイドライン」として改定をしています。

ガイドラインでは、テレワークのメリット、導入時の留意点、労務管理上の留意点、労働関係法令の適用に関して、主要なポイントがまとめられています。

テレワークの導入に伴い、労務管理を担当する企業の担当者が留意するべきガイドラインの要点は次ページ図のとおりです。

テレワークを導入する際の注意点

ガイドラインは、テレワークを適切に導入・実施するための注意点として、労使双方がテレワークの導入・実施に対する認識の食い違いがないように、テレワークの対象業務や範囲などについて協議し、協議内容を文書として保存することを推奨しています。また、出社が不要となるテレワークについては、労働者の業績を評価する方法などについて、労使間で問題が生じやすいことから、主に使用者に対して、適正な評価方法の導入を求めています。

テレワークでは、自律的に業務を遂行できることがメリットとして挙げられます。そのため、企業は効果的にテレワークが実施できるよ

うに、仕事の進め方の工夫や社内教育などによって人材育成に取り組むことが望ましいとしています。

中抜け時間が発生しやすい

テレワークは、育児や親の介護等を担当している労働者が利用しやすい反面、子どもの送迎や親の介護、家事などを済ませるために業務の間にいったん、労働から離れる場合が多くなるようです。このように業務からいったん離れる時間を「中抜け時間」といいます。

労務管理上、中抜け時間は労働時間ではないため、その時間を無給とすることができます。ただし、給与計算や中抜け時間の把握など給与計算担当者の手間がかかる、労働者の賃金が減ってしまうなどのデメリットもあるため、以下のような対応をすることもできます。

■ ガイドラインの要点 ……………………………………………

留意点	具体的な内容など
テレワーク導入に際しての留意点	・労使間での十分な話し合い ・既存業務の見直し、点検　など
労務管理上の留意点	・人事評価制度の適切な実施　　・費用負担の取扱い ・人材育成の工夫　など
テレワークのルールの策定と周知	・就業規則の整備 ・労働条件の明示、変更
労働時間	・労働時間制度 　（フレックスタイム制、事業場外みなし労働時間制など）の検討 ・労働時間の把握 ・テレワーク特有の事象の取扱い 　（中抜け、長時間労働対策）
その他	・メンタルヘルス対応　　　　　・労災補償 ・安全衛生の確保　など

① 中抜け時間について、時間単位の年次有給休暇を取得することができます。この場合には、就業規則に時間単位の年次有給休暇制度の規定と労使協定の締結が必要になります。なお、時間単位の年休は、分単位では取得できないため、1時間単位で取得する必要があり、たとえば1時間30分の中抜け時間は2時間の年休として申請します。

② 中抜け時間を休憩時間として扱い、中抜け時間の時間分、始業時刻または終業時刻を繰り上げ・繰り下げを行います。たとえば、始業時刻が9時、終業時刻が17時の会社で、2時間の中抜け時間があった場合、その2時間は休憩として、2時間分終業時刻を19時まで繰り下げ、または、始業時刻を7時に繰り上げることで対処します。休憩時間は原則、一斉に付与しなければならないため、事前に一斉付与の適用除外を行う旨の労使協定を締結しておく必要があります。

費用の負担も取り決めておく

たとえば、自宅でのPCやインターネット接続費用、水道光熱費、電話代などの費用負担が問題になります。特に、インターネットの接続費用や水道光熱費は、すでに労働者自身が保有しているものを業務にも利用するというケースが多く、費用のどこまでを会社が負担すべきか判断に悩む費用です。労働者が全額負担とすることもできます。また、1回500円というように手当として一律金額を支給するという方法もあります。前者のように実費相当額を清算して支払う場合には給与として課税する必要はありませんが、一定金額を支給する場合には課税する必要があります。

14 副業・兼業について知っておこう

本業に支障がなければ副業を行うことも認められる

副業・兼業とは

　副業や兼業とは、一般的には「本業以外で収入を得る仕事」とされています。企業と雇用契約を結んで労働者として働く場合を副業と呼び、個人事業主として請負契約などを結んで業務を行う場合などを兼業と呼ぶこともあります。

　企業と雇用契約を結んで労働者として働く場合には、副業であっても労働基準法などの労働法規が適用されますし、本業の使用者との関係にも影響を及ぼします。

　副業・兼業は、企業にとって、人材育成につながるというメリットがあります。具体的には、社外でも通用する知識・スキルの研鑽に努めることで自立した社員を増やすことができることや、兼業が個人事業であれば経営者の感覚を養うことができることなどが挙げられます。また、人材の獲得・流出防止のメリットがあります。具体的には、経験豊富な人材を副業として受け入れることで、比較的低コストで人材を獲得することができることや、副業を認めることで優秀な人材をつなぎとめ、雇用継続につながることなどが挙げられます。また、新たな知識・人脈などの獲得のメリットもあります。副業先から得た知識・情報・人脈は本業の事業拡大のきっかけになる可能性があります。

　社員にとっては、副業で所得が増加することが最も大きなメリットです。また、将来のキャリアを形成するためのリソースとなる社外で通用する知識・スキル、人脈を獲得することで、労働・人材市場における価値を高めることができます。

　一方、企業にとってのデメリットは、長時間労働による社員の健康

への影響や、労働生産性の低下が懸念されることです。業務上の情報漏洩、本業との競業によるリスクが高まることもデメリットのひとつです。また、副業による長時間労働で本業でも労災リスクが高まることや、現行の法制度上は、本業と副業の労働時間が通算され、時間外労働の割増賃金が発生することなども挙げられます。

　社員にとってのデメリットは、就業時間の増加によって心身への負担が大きくなり、本業への支障をきたすことです。その場合、本業における評価が低くなる可能性もあります。本業と副業の仕事のタスクが多くなると管理をすることが困難になることもあります。

▌副業制限とは

　副業・兼業を規制している法律はなく、原則自由に行うことができます。平成24年7月13日京都地裁が下した判決（マンナ運輸事件）においては、「会社が社員の副業を許可制にしており、社員の副業許可の申請を正当な理由なく却下したことは不法行為である」とされました。つまり会社は、原則的に社員の副業を認める義務があるのです。ただし、公務員については、国民の奉仕者という職務の立場があるため、国家公務員法や地方公務員法で副業を原則禁止しています。ただし最近では、公務員についてもNPO法人などの非営利組織への副業を許可する自治体が増え始めています。

　副業・兼業は原則自由ですが、だからといって会社がすべての副業・兼業を許してしまうと会社にとってリスクが高まる場合があります。たとえば、本業の会社と競合する他社で副業をしている場合には、その従業員が本業の会社の機密情報を漏らしてしまう可能性があります。また、日中時間帯を本業の会社で労働し、その後、夜間に長時間のアルバイトなどで労働した場合には、睡眠時間が削られ、業務ミスなど本業での支障が生じる可能性もあります。

　このように副業を許可することで会社のリスクが高まる場合には、

就業規則などにより副業を制限もしくは禁止することができ、違反した場合には懲戒処分などを下すこともできます。逆に、会社へのリスクがないと判断できる場合には、副業を原則、許可する必要があります。したがって、就業規則の副業禁止規定が常に有効であるとは限らず、たとえ規定が有効であるとしても、規定に違反した労働者を常に懲戒処分にできるとは限りません。

　一般的に、副業制限を設けることができる理由として下記のようなものがあります。

①　副業・兼業が不正な競業、情報漏洩の恐れがある場合

　競合する会社での就業は、意図するかしないかにかかわらず、本業の会社の機密情報漏洩などのリスクを伴います。また、競合他社への転職や起業の準備として副業から始める場合もあり、情報漏洩などのリスクはより一層高まります。

②　本業の社会的信用を傷つける場合

　副業・兼業を行う業種について、たとえば、反社会的勢力との関連が疑われる会社で働くことは、本業の社会的信用を傷つけるリスクがあります。社会的信用を大切にしている会社では、従業員がそういった業種で働いていることが公にされると、会社イメージがダウンし、売上が落ち込む可能性があります。

■ 副業を制限できる場合

原則 ➡ 副業を許可しなければならない

例外 ➡ 下記に該当する場合には、副業を制限もしくは禁止することができる

> ①副業・兼業が不正な競業、情報漏洩の恐れがある場合
> ②本業の社会的信用を傷つける場合
> ③働き過ぎによって健康を害する恐れがある場合

③　働き過ぎによって健康を害する恐れがある場合

　副業をするということは、必然的に労働時間が長くなることを意味します。そのため、本業で居眠りが増える、集中力が途切れる、など本業へ支障をきたすリスクがあります。さらには、従業員自身の健康を害するリスクもあります。

　これらに該当する場合には、裁判例においても副業を制限もしくは禁止することができるとしています。

ガイドラインにはどんなことが書かれているのか

　ガイドラインは、副業・兼業に関わる現状、企業や労働者の対応についてまとめたものです。ガイドラインは、平成30年1月に策定されましたが、その後、令和2年9月と令和4年9月に改定されました。令和4年9月の改定では、多様なキャリア形成を促進するために、労働者が適切な職業選択ができるよう、副業・兼業への対応について会社のホームページ等で公表することを推奨しています。

　ガイドラインでは、副業・兼業について、労働者の希望に応じて、原則的には認める方向で検討するように記載されています。副業・兼業を認める場合においては、労務提供上の支障、企業秘密の漏洩などがないか、長時間労働を招くものとなっていないかを確認するために、副業・兼業の内容を申請・届出制とすることが望ましいとしています。

　副業・兼業を認める場合、会社が最も気を付けなければならないことは、事業場を異にする場合（事業主が異なる場合も含む）において労働時間を通算するということです。特に、事業主が異なる場合、どのように副業・兼業先の労働時間を把握するのかということが大きな問題でした。この点、令和2年9月のガイドラインの改定によって、自らの事業場の労働時間と労働者からの申告などにより把握した他の使用者の事業場における労働時間を通算することと明記されました。なお、労働者から申告がなかった場合や事実と異なった申告があったと

しても、労働者から申告のあった時間で通算すればよいとされています。

　また、健康管理について、会社は労働者に対して健康診断を受診させる義務があります。ただし、有期雇用労働者で1年未満のもの、週の所定労働時間が通常の労働者の所定労働時間の4分の3より少ない労働者については受診させる義務はなく、副業・兼業をしていても労働時間の通算をする必要はありません。

▌労働者から副業したい旨の申し出があった場合にはどうする

　この場合には、原則認める必要があります。しかし、例外として、副業・兼業が不正な競業にあたる場合、企業の名誉・信用を損なう場合、企業秘密が漏洩する場合には認める必要がないため、申し出を受けた時点でそれらに該当するかどうかを確認する必要があります。また、副業・兼業が現在の業務の支障にならないかどうか、労働者と上司などで十分な話し合いを行う必要があります。

　なお、副業・兼業の開始後、会社は労働時間や健康状態について確認する必要があります。月に1回程度、副業・兼業の実績報告書を提出するようにルールづくりをしておくとよいでしょう。

■ 副業・兼業の労働時間管理 ……………………………………………

労働時間は、事業場を異にする場合（使用者が異なる場合も含む）も通算する

（企業の対応）下記の内容を把握しておく
- ・他の使用者の事業場の事業内容
- ・他の使用者の事業場で労働者が従事する業務内容
- ・労働時間の通算の対象となるか否かの確認
- ・他の使用者との労働契約の締結日・期間
- ・他の使用者の事業場での所定労働時間等
- ・他の使用者の事業場における実労働時間等の報告

届出制・
許可制にする

→ 労働者から申告のあった労働時間で通算する

Q 複数の事業所で働く場合の労働時間の通算について教えてください。

A 複数の事業場で働く場合（事業主を異にする場合も含む）、それぞれの事業場の労働時間を通算します。つまり、通算した労働時間が法定労働時間を超えた場合、超えた分の割増賃金は各事業場の使用者が支払う義務を負います。さらに、原則として月45時間、年360時間という時間外労働の上限が労働基準法の規定で明示されています。「事業場を異にする」とは、事業主が異なる場合も含んでいます。つまり、本業先のA社と副業先のB社において、それぞれの労働時間を通算するということです。

また、労働時間の通算によって、法定労働時間を超えた場合に割増賃金を支払う義務を負うのは、法定外労働時間を発生させた使用者です。したがって、一般的には、後で雇用契約を締結した使用者は、契約の締結にあたって、労働者が他の事業場で労働していることを確認した上で契約を締結すべきであり、割増賃金を支払う義務を負うことになります。ただし、通算した所定労働時間がすでに法定労働時間に達していることを知りながら労働時間を延長するときは、先に契約を結んでいた使用者も含め、延長させた各使用者が割増賃金を支払う義務を負います。以上の考え方を具体的なケースにあてはめて考えると、次ページ図（①～④）のような結論になります。

なお、労働時間の通算により時間外労働が発生する可能性がある場合は、三六協定を締結し、届出をする必要があります。割増賃金の支払いがどちらの事業主に発生するかはそれぞれのケースを検討しなければなりません。そのためには、副業の許可をする段階で、副業先の所定労働日、所定労働時間などを申告させることが考えられます。毎月、副業の実労働時間を申告させることも有効です。

■ 割増賃金が発生するケース例 ……………………………………

【ケース①】

	所定労働時間	
A事業場 (先契約)	**7時間**	

		所定労働時間
B事業場 (後契約)		**3時間** ↴

8時間

3時間のうち2時間について
割増賃金の支払義務が発生

【ケース②】

所定労働時間

	【月曜】	【火曜】	【水曜】	【木曜】	【金曜】	【土曜】	【日曜】
A事業場 (先契約)	8時間	8時間	8時間	8時間	8時間		
B事業場 (後契約)						8時間 ↴	

40 時間

8時間について割増
賃金の支払義務が発生

【ケース③】

	所定労働時間	労働時間の延長
A事業場 (先契約)	**4時間**	2時間 ➡

2時間について割増賃金の
支払義務が発生

		所定労働時間
B事業場 (後契約)		**4時間**

すでに法定労働時間に達している

【ケース④】

	所定労働時間	労働時間の延長
A事業場 (先契約)	**4時間**	1時間 ➡

この時点では法定労働時間
以下のため、割増賃金の
支払義務は発生しない

		所定労働時間	労働時間の延長
B事業場 (後契約)		**3時間**	1時間 ↴

法定労働時間まであと1時間の余裕がある

1時間について
割増賃金の支払
義務が発生

副業・兼業と雇用保険、社会保険について知っておこう

どちらの事業所に加入すればよいのかなどが問題になる

副業・兼業先の雇用保険に加入できるのか

雇用保険の加入要件は、所定労働時間が20時間以上で継続して31日以上雇用見込みがある、ということです。しかし、雇用保険では、「同時に複数の事業主に雇用される場合には、生計を維持するのに必要な賃金を受ける雇用関係についてのみ被保険者となる」という要件があります。そのため、本業の事業場で雇用保険に加入している場合には、副業・兼業の事業場では雇用保険に加入できないということになります。

また、本業のA社と副業・兼業のB社の両方とも週20時間以上の所定労働時間に満たない場合には、どちらの雇用保険にも入ることはできません。仮にA社を退職すると失業手当は支給されず、労働時間の短いB社においても十分な収入を得ることは難しいでしょう。このような所定労働時間が短い複数就業者は、失業に備えるための雇用保険の恩恵を受けることができません。

そこで、令和4年1月からは、65歳以上の複数就業者について、①各就業先の1週間の所定労働時間が20時間未満であり、②全就業先の1週間の所定労働時間が合算で20時間以上の場合、労働者からの申し出があれば、労働時間を合算して雇用保険を適用することができるようになりました（雇用保険マルチジョブホルダー制度）。ただし、労働時間を合算できるのは2社までとされ、1社当たり1週間の所定労働時間が5時間以上でなければ合算の対象となりません。

まずは、65歳以上について2つ以上の事業場で働く複数就業者を対象とし、影響の程度を確認しながら、徐々に対象を拡大していく方向にあります。

社会保険と副業・兼業について

　副業・兼業先で働く場合には、事業所ごとに社会保険の加入要件に該当するかどうかを判断します。そのため、たとえ複数の事業所の労働時間を合算して要件を満たしたとしても、社会保険が適用されるわけではありません。

　短時間労働者に社会保険が適用されるのは、正社員と比較し、1週間の労働時間と1か月の労働日数が4分の3となる場合か、1週間の労働時間または1か月の労働日数が4分の3未満である場合は、一定の条件を満たした場合です。ただし、どちらかの事業所あるいは両方で役員等の立場にある場合には、社会保険に加入することになるため、次のような考え方で保険料を計算し、納付する必要があります。

　複数の事業所で勤める者が、それぞれの事業所で加入要件に該当した場合には、どちらかの事業所の管轄年金事務所と医療保険者を選択する必要があります（健康保険・厚生年金被保険者所属選択／二以上事業所勤務届を提出します）。標準報酬月額や保険料は、選択した年金事務所などで複数の事業所の報酬月額を合算して決定します。それ

■ 副業・兼業と雇用保険の問題点 ……………………………………

ケース①

労働者	事業主A 30時間	事業主B 10時間

⇒本業である事業主Aで雇用保険に加入できる

ケース②

労働者	事業主A 15時間	事業主B 10時間

⇒どちらも週の所定労働時間が20時間未満のため
　雇用保険に加入できない

※法改正により令和4年1月から、ケース②の場合、労働者が65歳以上であれば、申し出ることで雇用保険に加入できるようになる

ぞれの事業所の事業主は、被保険者に支払う報酬額により按分した保険料を天引きし、選択した年金事務所などに納付します。具体的には、A社の報酬が25万円、B社の報酬が15万円であった場合には、選択した年金事務所で40万円の標準報酬月額を決定します。

保険料が仮に72,000円とすると、A社は72,000×25/40=45,000円、B社は72,000×15/40=27,000円を労使折半でそれぞれ負担し、選択した年金事務所などに納付します。

▎副業、兼業時の所得税はどうするのか

副業・兼業によって20万円以上の所得がある場合には、本業の会社の年末調整ではなく、個人の確定申告が必要になるため注意が必要です。所得が20万円以上になるかどうかは、収入から要した経費を控除した額によって判断します。

また、2か所以上から給与をもらっている人の源泉徴収についても注意が必要です。副業、兼業先は従たる給与という扱いになるため、副業、兼業先の給与の源泉徴収税額は、税額表の「乙欄」になります。勤めている会社の扶養控除申告書にその旨を記載し、提出するようにしましょう。

なお、副業・兼業先の収入が事業所得なのか、業務にかかる雑所得なのかについては、国税庁の「雑所得の範囲の取扱いに関する所得税基本通達の解説」によると、「その所得にかかる取引を記録した帳簿書類の保管がない場合には、業務にかかる雑所得に該当する」としています。ただし、その所得にかかる収入の金額が300万円を超えており、なおかつ事業所得と認められる事実がある場合には、事業所得として区分されることになります。

また、①その所得の収入金額がごく僅かな場合、②その所得が利益目的として認められない場合には、事業と認められるかどうかを個別に判断されます。

16 テレワーク・副業の場合の機密情報管理

ルールの策定、従業員教育、セキュリティ対策が必要となる

セキュリティ対策

　セキュリティ対策には下記のようなものがあります。セキュリティ対策は広範囲に及ぶため、費用対効果を見ながら対策を講じておく必要があります。

① 端末へのログイン認証

　端末へのログインには、IDとパスワード以外にICカード認証や指紋認証などの認証情報を付加させることもあります。

② クラウドアクセス時の認証

　端末へのログイン認証と同様、利用者が従業員かどうかの確認を行うしくみを取り入れます。社外からインターネット経由で社内システムにアクセスする場合には、VPNソフト等を利用するようにします。

③ HDDの暗号化

　PCの盗難に備え、HDD内のデータを暗号化しておきます。盗難や紛失がないように常にPCを手元に置いておくように徹底します。

④ ウイルス対策ソフト

　ウイルスの感染・侵入、不正サイトへのアクセスを防ぐために導入します。導入後も更新しておくことが重要です。また、OSやソフトのアップデートを更新しておくことも必要です。

どのような防止策を講じるべきか

　防止策を分類すると、「社内ルールの策定」「社内教育の実施」「セキュリティの対策」に分類することができます。労務管理者はこれらの防止策を複数併用していくことで、より高度な情報管理を行うこと

ができます。

・社内ルールの策定

　可能であれば、個人用端末（パソコン、タブレット）を利用させないルールにした方が安全です。個人用端末の利用は、不十分なセキュリティ対策、端末の私用、家族での共用など、情報漏洩のリスクが高まってしまいます。個人用端末を利用させる場合においても、規程や誓約書を作成するとよいでしょう。

　また、会社が支給した端末を利用させる場合においても、事業場外での印刷は禁止にする、もしくは、印刷できないような設定にするなどの工夫が必要です。またUSBメモリーのような他の記録媒体にデータを保存しないなどのルールも定めておくとよいでしょう。

　他にも、情報漏洩やその恐れがある場合の対処方法などをあらかじめ定めておく必要があります。

・社内教育の実施

　社内ルールを定めて、周知するだけでは効果が薄いと考えられます。テレワークを希望する者には、社内研修などの教育を実施し、セキュリティに対する意識を高める必要があります。

　情報漏洩の原因の多くは、誤操作、管理ミス、紛失などで、従業員の意識で防げるものが多くあります。

・セキュリティの対策

　不正アクセス、ウイルスなどに対して技術的な対応が必要です。たとえば端末やクラウドデータへのログイン認証の多重化、HDDの暗号化、ウイルス対策ソフトを常に最新のものにしておくことなどがあります。また、社内のサーバにのみにデータが保存され、従業員の端末にはデータが残らない社内システムへのアクセス方式を検討することも有効です。また、ネットワークに関しても注意が必要です。公衆WiFiを利用すると第三者からの通信内容の盗み見や改ざんなどの危険性があるため、VPNソフトなどを活用するとよいでしょう。

副業先に企業機密が漏洩した場合

　副業先に機密情報が漏洩したときの対応については、「事実確認」「副業先への対応」「従業員への対応」に分けて考えることができます。

　まず、事実確認ですが、少なくとも漏洩した機密情報の内容は何か、漏洩主体が誰か、漏洩先はどこか、の３項目を確認することが必要です。そして、確認した事実をふまえて、副業先への対応を行うことになります。

　従業員への対応も検討する必要があります。具体的には、機密情報の返還、廃棄、さらなる漏洩を行わないように指示します。場合によっては、労働契約上の秘密保持義務違反などを理由に損害賠償などを請求することもあります。また、副業許可の取消しや懲戒処分を行うことも考えられますが、これらの処分を有効に行うために、機密情報の漏洩の可能性をふまえて、副業の許可要件、許可の取消事由、懲戒事由を定めておくことが重要になります。

　いずれにしても迅速な対応が求められるケースですので、こうした事態が生じたときのスキームをあらかじめ定めておく方が望ましいでしょう。

■ 副業における情報漏洩 ･･････････････････････････････････････

情報漏洩の事実確認

副業先に対して	従業員に対して
・機密情報の返還、廃棄、更なる漏洩を行わないことを依頼、要請 ・法的手段（不正競争防止法に基づく差止請求・損害賠償請求など）　　　　など	・機密情報の返還、廃棄、更なる漏洩を行わないことを指示 ・法的手段（労働契約上の秘密保持義務違反を理由とする差止請求・損害賠償請求など） ・副業の禁止、懲戒処分　　　など

パートタイマー・有期雇用労働者のための法律

「不合理な労働条件の禁止」や「差別的な取扱いの禁止」の内容を理解しておく

■ パートタイム・有期雇用労働法について

　パートタイム・有期雇用労働法の正式名称は「短時間労働者及び有期雇用労働者の雇用管理の改善等に関する法律」です。短時間・有期雇用労働者（短時間労働者および有期雇用労働者）に関する適正な労働条件の確保、雇用管理の改善、通常の労働者への転換の推進などを定めています。

　最も重要とされる事項は、いわゆる「同一労働同一賃金」と呼ばれている、通常の労働者（主として正社員）との間の不合理な待遇差の禁止を定めている点です。具体的には、パートタイム・有期雇用労働法8条が定める「不合理な待遇の禁止」（均衡待遇規定）と、パートタイム・有期雇用労働法9条が定める「差別的取扱いの禁止」（均等待遇規定）です。では、「不合理な待遇の禁止」「差別的取扱いの禁止」とは、どのようなことを指すのでしょうか。

　まず、不合理な待遇の禁止（均衡待遇規定）とは、①職務の内容（業務の種類とその業務に伴う責任の程度）、②職務の内容・配置の変更の範囲（人事異動のしくみなど）、③その他の事情などを考慮し、通常の労働者の待遇（基本給、賞与その他の待遇）と短時間・有期雇用労働者の待遇について不合理な相違を設けることを禁止するものです。

　次に、差別的な取扱いの禁止（均等待遇規定）とは、①職務の内容（業務の種類とその業務に伴う責任の程度）、②職務の内容・配置の変更の範囲（人事異動のしくみなど）が、通常の労働者と同一の短時間・有期雇用労働者について、待遇に関する差別的取扱いを禁止しています。つまり、短時間・有期雇用労働者が①②の双方について通常

の労働者と同じであれば、短時間・有期雇用労働者であることを理由
に待遇について通常の労働者と差異を設けることが禁止されます。

　なお、上記の「③その他の事情」は、定年後に有期雇用として再雇
用されたことも含まれます。

　最近の裁判例では、定年後の再雇用による基本給の減額は必ずしも
不合理でないと判断されています。これに対し、精勤手当を正社員に
支給して有期雇用労働者に支給しないのは不合理と判断されています。
裁判例では、何割まで減らすことができるというような画一的な判断
をしているわけではなく、諸手当などの賃金項目の趣旨を個別に考慮
し、減額が不合理であるか否かが判断されています。

■ 均等待遇と均衡待遇 ･･･

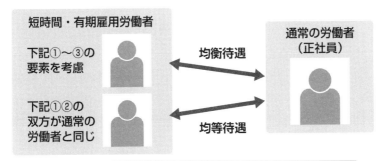

　均衡待遇 … 違いに応じたバランスの取れた待遇とする
　均等待遇 … 違いがないので同待遇とする

■ 判断要素

①職務の内容	業務の内容、当該業務に伴う責任の程度
②職務の内容・ 　配置の変更の範囲	転勤、昇進といった人事異動、役職の変化など （将来の見込みも含む）
③その他の事情	合理的な労使慣行、定年後の再雇用など

待遇差を説明する義務もある

　パートタイム・有期雇用労働法14条は、短時間・有期雇用労働者が通常の労働者との間の待遇差の内容やその理由などについて説明を求めた場合、事業主（会社）は、それに応じる義務があることを規定しています。説明の方法としては、「あなたはパートタイム労働者だから、時給○○円です」という程度の説明では、事業主としての義務を果たしたとはいえません。前述した、①職務の内容、②職務の内容・配置の変更の範囲、③その他の事情などの要素の違いを文書などにまとめて口頭で説明するとよいでしょう。

　もっとも、上記の義務は、待遇差の内容や理由を説明することを義務付けているだけで、短期間・有期雇用労働者が納得するまで説明することまでを義務付けているわけではありません。

同一労働同一賃金ガイドラインについて

　パートタイム・有期雇用労働法が定める「不合理な労働条件の禁止」「差別的取扱いの禁止」については、どのような待遇差が不合理なのかの判断が難しいといえます。そのような判断の参考となるのが、厚生労働省が定める「同一労働同一賃金ガイドライン」（短時間・有期雇用労働者及び派遣労働者に対する不合理な待遇の禁止等に関する指針）です。ガイドラインでは、基本給、賞与、手当、福利厚生などについて、待遇の相違が不合理と認められるかどうかの原則となる考え方や、問題となる具体例などが示されています。

　たとえば、賞与について企業の業績への貢献に応じて労働者に支給している場合、短時間・有期雇用労働者が通常の労働者と同一に貢献しているのであれば、賞与を同一に支給しなければなりません（均等待遇）。ただし、貢献に一定の違いがある場合は、違いに応じて賞与を支給することができます（均衡待遇）。短時間・有期雇用労働者だけを理由に不支給とすることは認められない可能性があります。

ガイドラインでは、基本給の考え方も示していますが、正社員と短時間・有期雇用労働者の基本給の決め方は企業によってさまざまな要素があり、ガイドラインで示されているほど単純ではないなどの問題もあるようです。

パートタイム・有期雇用労働法の取組み手順

　会社によって賃金体系や雇用体系はさまざまであるため、一律にあるべき姿を定めることができません。そのため、各々の会社にふさわしい制度を設計して、それを運用していく必要があります。大まかな取組み手順は、次のとおりです。

①　労働者の雇用形態を確認する

　パートタイム・有期雇用労働法の対象となる短時間・有期雇用労働者を雇用しているかどうかを確認します。

②　待遇の状況を確認する

　短時間・有期雇用労働者と正社員との間で、取扱いが異なるかどうかを確認します。たとえば、正社員には賞与や通勤手当を支給しているが、短時間・有期雇用労働者にはそれらを支給していない、ということを確認していきます。

③　3考慮要素のうち適切と認められるものを考慮する

　3考慮要素とは、前述した①職務の内容、②職務の内容・配置変更の範囲、③その他の事情です。それぞれの待遇（基本給、諸手当、賞与など）の性質・目的に照らし、3考慮要素のどれを考慮すべきかを検討した上で、不合理な待遇差が生じているかどうかを確認します。

Q パートタイマーについて、どの程度の所得があれば、所得税が課され、社会保険に加入しないといけないのでしょうか。

A パートタイマーの中には、生計を維持している配偶者の被扶養者として所得税の控除を受けることや、国民年金の第3号被保険者になるため、労働時間を制限している人がいます。

被扶養者になるには収入制限が設けられており、1月～12月の年間収入が103万円以下であれば、所得税法上の扶養の範囲となります。

また、健康保険の場合、厚生労働省の通達に年間収入が130万円未満（60歳以上・障害者の場合は180万円未満）で、被保険者の収入の2分の1未満であれば、扶養と扱うとの基準を示しています。これに該当し、健康保険の被扶養者となる場合は、同時に国民年金の第3号被保険者となるため、国民年金の保険料を支払う必要がなくなります。

さらに、住民税の場合は、給与所得控除額65万円と非課税限度額35万円の控除が受けられ、100万円以下の収入であれば、住民税は課税されません。ただし、令和4年10月以降、101人以上の企業では社会保険加入要件が緩和されており、130万円を超えない場合でも社会保険に加入する必要が生じる可能性があります。

■ 税金や社会保険に関する収入要件 ……………………………………

	対象	制限の内容
100万円を超えると	住民税	保育園や公営住宅の優先入所、医療費助成などの自治体のサービスの一部が制限される場合がある
103万円を超えると	所得税	夫（妻）が所得税の配偶者控除を受けられなくなる ※「150万円以下」の場合は同額の配偶者特別控除が受けられる
130万円を超えると	社会保険	健康保険などの夫（妻）の被扶養者にはなれない ※常時101人以上の企業は「年収約106万円以上」となる（2022年10月以降）

第 3 章

解雇・雇止め

1 従業員を解雇するのは難しい

客観的な合理性や社会通念上の相当性がない解雇は無効である

解雇には３種類ある

　解雇とは、会社側の都合で、従業員（労働者）との雇用契約（労働契約）を一方的に解除することです。解雇は、その原因により、普通解雇、整理解雇、懲戒解雇に分けられます。整理解雇とは、経営不振などの経営上の理由による人員整理のことで、リストラともいいます。懲戒解雇とは、従業員が会社の製品や備品を盗んだといった場合のように、会社の秩序に違反した者に対する懲戒処分としての解雇です。それ以外の解雇を普通解雇といいます。

　従業員は解雇によって仕事を失うため、法律によって解雇を制限しています。いくら不況だからといっても、それだけの理由では解雇することができないのです。たとえば、客観的で合理的な理由がなく、社会通念上の相当性がない解雇は、解雇権の濫用にあたり無効となります（労働契約法16条）。

解雇は法律上の制限を受ける

　就業規則や雇用契約書に解雇に関する規定があるとしても、労働基準法、労働契約法、労働組合法、男女雇用機会均等法、育児・介護休業法などの雇用に関係する法律が、特定の期間中に解雇することを禁止している場合があります。

　たとえば、業務上のケガや病気（業務災害）のために休業している期間中と復職後30日以内の解雇や、産前産後休業の期間中と復職後30日以内の解雇が、原則として禁止されています（労働基準法19条１項）。いずれの状況でも解雇されると社員の生活に不利益が大きいためです。

したがって、法律の規定による解雇禁止期間であるかどうかという点についても、解雇前に確認する必要があります。

　さらに、主として以下に挙げる事項を理由として従業員を解雇することは、労働基準法や男女雇用機会均等法などの法律によって禁止されています（解雇禁止事由）。

・国籍、信条、社会的身分（労働基準法3条）
・労働基準法や労働安全衛生法違反について、労働基準監督署に申告したこと（労働基準法104条2項、労働安全衛生法97条2項）
・労使協定の過半数代表者となったことや、なろうとしたこと（労働基準法施行規則6条の2第3項）
・性別（男女雇用機会均等法6条）
・結婚（婚姻）、妊娠、出産（男女雇用機会均等法9条2項3項）
・産前産後の休業を申し出たことや、それを取得したこと（男女雇用機会均等法9条3項）
・母性健康管理措置（妊娠中や産後の女性従業員に対して保健指導や健康診査のために必要な時間を取得できるような措置をとることで、

■ 解雇の種類 ・・

種　類	意　味
整理解雇	リストラのこと。経営上の理由により人員削減が必要な場合に行われる解雇
懲戒解雇	労働者に非違行為があるために懲戒処分として行われる解雇
諭旨解雇	懲戒解雇の一種だが、労働者の反省を考慮し、退職金などで不利にならないよう緩やかな形式をとる解雇
普通解雇	懲戒解雇のように労働者に非違行為があるわけではないが、就業規則に定めのある解雇事由（心身の故障、勤務成績不良など）に該当する事由があるために行われる解雇

会社側に課された義務である）を受けたこと（男女雇用機会均等法
9条3項）
・育児・介護休業を申し出たことや、それを取得したこと（育児・介
護休業法10条、16条）
・公益通報（公益のために会社側の法令違反行為を通報すること）を
したこと（公益通報者保護法5条）
・労働組合を結成したことや、それに加入したこと（労働組合法7条
1項）
・労働組合の正当な活動をしたこと（労働組合法7条1項）

解雇に関する規定がないと解雇できない

　前述した理由に該当しなくても、解雇に関する規定が就業規則や雇
用契約書にない場合、会社側は、解雇に関する規定を新たに置かない
限り解雇できません。さらに、解雇事由が合理的と認められても、解
雇の際には少なくとも30日前に予告するか、もしくは30日分以上の平
均賃金（45ページ）を解雇予告手当金として支払わなければなりませ
ん（労働基準法20条）。なお、解雇禁止期間中に、解雇禁止期間に該
当しない日を解雇日として予告することは可能です。
　このように、解雇を行う場合には、さまざまな法律上の制限をクリ
アすることが必要です。「労働者をクビにする」ことは、決して安易
に行うことができるものではないということを十分に理解しておくべ
きでしょう。

解雇できないケースにあたらないか確認しておく

　社員（従業員）を解雇する場合、いくつか注意すべき点があります。
まず、就業規則や雇用契約書などに解雇に関する規定がない場合は、
そもそも解雇することができません。今まで幸いにも解雇しなければ
ならない状況に直面したことがなかった会社で、はじめて解雇を考え

たところ、そもそも規定がなかったというケースも現実にはあります。今まで社員を解雇したことがない場合は、就業規則や雇用契約書の規定を読み返してみましょう。そこに解雇に関する規定がなかったときは、まず解雇に関する規定を設けることから始めなければなりません。規定を設けた後に、社員が解雇事由に該当する場合でなければ、その社員を解雇するためのスタート地点に立つことができません。

　また、解雇する場合でも社員間で不平等な扱いをすることはできません。たとえば、Aさん、Bさんが同じ解雇事由に該当した場合、解雇事由の時期が異なったとしても同じ取扱いをする必要があります。

■ 解雇することで経営者に生じる不都合を知っておく

　解雇は、会社側が一方的に社員を辞めさせるものであるため、その方法が悪い場合には、その社員が自尊心を傷つけられたと感じて逆恨みをすることがあります。また、辞めさせる現場を目の当たりにした他の社員の士気が落ちる可能性もあります。これは他の社員が「自分も辞めさせられた社員と同じ立場である」と考えるためです。

■ 解雇前のチェックポイント ……………………………………………

事前に準備して おくべきこと	解雇を決断した時に すべきこと	法律上の観点から 確認すべきこと
就業規則（雇用契約書）に解雇に関する詳しい規定を定めておく 解雇の理由を裏付ける証拠書類を保存しておく	本人に「辞める」と言わせる方法を優先する（退職勧奨の実施） 解雇の理由に合理性と社会通念上の相当性があるかどうか慎重に確認する	解雇する理由が解雇禁止事由にあたらないか？ 解雇をするタイミングが解雇禁止期間ではないか？ 解雇までの期間が適法か？ 解雇予告手当の支払が必要ではないか？

たとえば、暴言を吐く問題社員から他の社員を守るために、その問題社員を解雇した場合など、他の社員に悪影響が及ばないようにすることが解雇の目的であったとしても、他の社員にしてみれば、いつ矛先が自分に向くかわからない、という不安を抱えることになるのです。

　このように、解雇するのが問題社員であったとしても、実際に解雇という手段をとった場合には、解雇の有効性について紛争が生じるなど、大なり小なり経営者に不都合な結果が生じる可能性が高いといえます。このような不都合をできる限り回避するためには、解雇事由にあたる社員であっても、退職勧奨を重ねることで、自主的に会社を退職してもらうようにしていくことが望まれます。

　また、懲戒解雇事由にあたると判断できるような社員の場合も、直ちに懲戒解雇とはせずに、普通解雇もしくは論旨解雇とするか、退職勧奨を重ねて本人の意思で退職させるようにすることで、会社側が抱える紛争リスクを抑えることができます。

解雇するまでには時間がかかる

　社員の解雇を決めてから実際に社員を解雇するに至るまでには、相当な時間がかかるという認識を強く持っておく必要があるでしょう。就業規則や雇用契約書に解雇に関する規定があったとしても、その規定に該当するからといって、すぐに社員を解雇することはできません。解雇事由に該当する場合についても、丁寧に指導するなど手続的な配慮を積み重ねる必要があります。就業規則では、解雇事由について個別具体的に定めることは難しい側面もあります。そのため、指導するという手続き的な配慮を積み重ねるための時間がかかるというわけです。

　社員の解雇を考えてから実際に社員に辞めてもらうまでには、少なくとも半年、長ければ1年以上かかると思っておいてください。

2 解雇予告手当のルールを知っておこう

解雇予告や解雇予告手当の支払は原則として必要である

解雇予告とは

社員（従業員）が自分の都合で退職することは原則として自由であるのとは異なり、会社の都合で社員を解雇することは制限されています。社員を解雇する場合、事前に解雇理由を明確にして、それが就業規則や雇用契約書に規定している解雇理由に該当するかどうかを確認します。そして、法律が規定する解雇禁止期間や解雇禁止理由に該当しないかを確認します。さらに、解雇権の濫用に該当しないこと（有期雇用契約の場合はやむを得ない事由に該当すること）を確認します。

しかし、社員の解雇を決めたとしても、原則として解雇を通知した当日に辞めさせること（即日解雇）はできません。少なくとも30日前までに解雇を予告しなければならない（解雇予告）という原則があるからです。即日解雇をするときは、原則として解雇予告手当の支払いが必要です。なお、解雇の通知は書面で行うのがよいでしょう。

解雇予告などが不要な場合もある

会社は、次に挙げる社員については、解雇予告や解雇予告手当の支払いをすることなく解雇ができるという例外があります。

① 雇い入れてから14日以内の試用期間中の社員

② 日々雇い入れる社員

③ 雇用期間を2か月以内に限る契約で雇用している社員

④ 季節的業務を行うために雇用期間を4か月以内に限る契約で雇用している社員

ただし、試用期間中の社員は、15日以上雇用していると解雇予告や

解雇予告手当の支払いが必要になるなど、例外が適用されなくなる場合があるので注意しましょう。

除外認定を受ければ解雇予告などが不要となる

　以下のケースにおいて社員を解雇する場合は、解雇予告や解雇予告手当の支払いは不要とされています。

①　天災事変その他やむを得ない事由があって事業の継続ができなくなった場合

②　社員に責任があって雇用契約を継続できない場合

　①に該当するのは、地震などの自然災害によって、事業を継続することができなくなったような場合などです。一方、②に該当するのは、懲戒解雇事由にあたるような問題社員を解雇する場合などです。ただし、①②に該当しても、所轄の労働基準監督署長の認定を受けていなければ、通常の場合と同じように解雇予告あるいは解雇予告手当の支払いが必要になります。この場合の認定を解雇予告の除外認定といいます。

　社員を解雇する際に、①②に該当する場合には、解雇予告除外認定申請書（108ページ）を所轄の労働基準監督署に提出した上で、解雇予告の除外認定を受ける必要があります。①②に該当しても、除外認定も受けずに解雇予告手当を支払うことなく社員を即日解雇するのは労働基準法違反となるので、処罰の対象となります。

　なお、除外認定を受けたからと言って、退職金を支払わなくてもよいということにはなりません。たとえば、懲戒解雇事由にあたる社員を懲戒解雇した場合、退職金を支給するかどうか、支給するとしても減額するかどうかの問題は、除外認定とは別の話になるということです。退職金に関しては、就業規則や雇用契約書の規定に従って処理することになります。就業規則などの規定に従って退職金を不支給または減額とした場合であっても、後から覆される可能性があります。解雇された社員から訴訟を起こされたときに、裁判所が会社側の対応を

あまりにバランスを欠くものと判断した場合には、支給しなかった分について支給するように命じることがあるからです。

懲戒解雇の場合には解雇予告が不要なのか

　前述した①②に該当する場合で、解雇予告の除外認定を受ければ、解雇予告や解雇予告手当の支払いが不要です。したがって、解雇する社員に懲戒解雇事由がある場合には、労働基準監督署長の認定を受ければ、解雇予告などが不要です。②の「社員に責任があって」とは、法律上は「労働者の責に帰すべき事由に基づいて」と規定されているものですが、解雇予告期間を置かずに即日解雇されたとしてもやむを得ないと判断されるほどに、重大な服務規律違反あるいは背信行為が存在する場合であると解されています。たとえば、会社内で窃盗、横領、背任、傷害といった犯罪行為をした場合や、正当な理由もないのに長期にわたり無断欠勤を継続しており、出勤の督促にも応じない場合などが、重大な服務規律違反・背信行為に該当します。

■ 解雇予告が必要になるとき ………………………………………

必要になるとき		
①	日々雇い入れられる者	1か月を超えて引き続き使用されるに至ったとき
②	2か月以内の期間を定めて使用される者	所定の期間を超えて引き続き使用されるに至ったとき
③	季節的事業に4か月以内の期間を定めて使用される者	所定の期間を超えて引き続き使用されるに至ったとき
④	試用期間中の者	14日を超えて引き続き使用されるに至ったとき
⑤	労働者の責めに帰すべき事由に基づいて解雇するとき	労働基準監督署長による認定が受けられないとき
⑥	天災事変その他のやむを得ない事由のために事業の継続が不可能となったとき	労働基準監督署長による認定が受けられないとき

注意しなければならないのは、懲戒解雇事由に該当するだけでは、解雇予告や解雇予告手当の支払いが不要になるわけではないという点です。解雇予告や解雇予告手当の支払いをせずに問題社員を懲戒解雇処分とするには、前述の除外認定を受ける必要があります。この認定を受ける手続きは、通常申請してから2週間から1か月程度の期間がかかります。その間に、解雇しようとする社員に懲戒解雇事由があるかどうかの事実認定が行われます。解雇しようとする社員や関係者を対象とする聴き取り調査が実施される場合もありますから、除外認定を申請する前に、十分な証拠をそろえておくようにしましょう。

▌解雇予告手当を支払って即日解雇する方法もある

　社員を解雇する場合、会社側は、原則として解雇日から30日以上前

■ 解雇予告手当の具体的な計算例 ······························

（事例）解雇予告手当の求め方

〈 月給制、賃金締切日が20日の会社 〉

	5月20日	6月20日	7月20日	8月20日	9月4日
総日数(日)	31	30	31		解雇予告
賃金額(円)	160,000	160,000	160,000		

(160,000 × 3) ÷ 92 ≒ 5,217円39銭（銭未満は切り捨て）

➡ 平均賃金は5,217円39銭となる

〈 日給制・時給制、賃金締切日が20日の会社 〉

	5月20日	6月20日	7月20日	8月20日	9月4日
総日数(日)	31	30	31		解雇予告
労働した日(日)	10	13	17		
賃金額(円)	80,000	100,000	120,000		

(80,000 + 100,000 + 120,000) ÷ 92 = 3,260円86銭（銭未満は切り捨て）
(80,000 + 100,000 + 120,000) ÷ 40 × 0.6 = 4,500円
3,260円86銭 ＜ 4,500円

➡ 平均賃金は4,500円となる（最低保障額）

に、その社員に解雇することを予告しなければなりません。しかし、解雇する社員が周囲に悪影響を与えている問題社員である場合には、その社員にすぐに辞めてもらいたいと考えるのが普通でしょう。このような社員を30日先まで解雇できないとすると不都合な場合も出てきます。こうした場合には、即日解雇する代わりに30日分以上の平均賃金を解雇予告手当として支払うという方法があります（労働基準法20条）。この方法をとれば、会社は解雇予告を行わずに問題社員を即日解雇することができるのです。

解雇予告をする場合も、解雇予告手当を支払う場合にも、解雇する旨を伝えた日から30日分以上の賃金あるいは平均賃金の30日分以上を支払わなければなりません。しかし、細かい部分では両者に違いがあります。たとえば、解雇予告手当を支払って即日解雇する場合、その手当金には社会保険料がかかりません。解雇予告手当は賃金ではなく退職所得として計上されるためです。

なお、解雇予告手当は、即日解雇する場合だけではなく、たとえば、解雇日から20日前に予告し、業務の引き継ぎをさせた後、10日分以上の解雇予告手当を支払って解雇する、といった形で行うこともできます。いずれの場合も、解雇予告手当を支払った場合には、必ず受け取った社員に受領証を提出させるようにしましょう。

■ 解雇予告日と解雇予告手当 ……………………………………

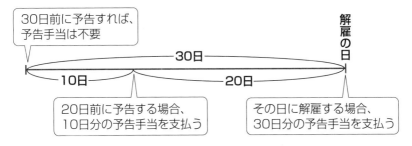

書式　解雇予告除外認定申請書

様式第3号（第7条関係）

解雇予告除外認定申請書

事業の種類	事業の名称	事業の所在地
物品販売業	株式会社○○○○	東京都○○区○○×ー×ー×

労働者の氏名	性別	雇入年月日	業務の種類	労働者の責に帰すべき事由
××××	男	平成○・○・○	営業	左欄記載の労働者が、令和○年○月○日に営業先の○○○株式会社より、商品の売掛金○○円を現金で回収したが、経理に報告せず、私的な費用に充てていたため。

令和○年　○月　○日

　　　　　　　　　　　　　　　使用者　職　名　株式会社○○○○
　　　　　　　　　　　　　　　　　　　氏　名　代表取締役
　　　　　　　　　　　　　　　　　　　　　　　△△△△

　○○○○労働基準監督署長殿

3 整理解雇について知っておこう

整理解雇は希望退職と退職勧奨を行った後に行う

事業の継続が困難な場合には整理解雇を検討する

　解雇には、主として普通解雇、懲戒解雇、整理解雇の３種類があります が、このうち経営不振による合理化など、経営上の理由に伴う余剰労働者の人員整理のことを整理解雇といいます。経営者としては、現状のままでは事業を継続することが困難な場合に整理解雇を検討することになります。

　雇用調整の手段として整理解雇を行う会社も多いようですが、整理解雇を行うためには一定の要件を満たす必要があり、「現在の経営状況は悪くはないが将来予想される経営の不安に備えて今から人員削減をしておきたい」といった理由では、整理解雇は認められません。具体的には、以下の①～④の要件（整理解雇の４要件）を満たしてるかどうかが整理解雇の有効性の判断要素となります。

① 人員削減の必要性

　会社の存続のために、やむを得ず人員削減せざるを得ないという事情が必要です。具体的には、会社の実態から判断して、会社の存続のために人員整理を決定するに至った事情について、やむを得ない事情があると認められれば、整理解雇の必要性を認めるのが裁判例の傾向です。

② 解雇回避努力義務

　解雇された労働者は大きな打撃を受けますから、整理解雇を避けるための経営努力（配置転換や出向など）なしに解雇はできません。

③ 被解雇者の人選の合理性

　整理解雇の対象者（被解雇者）を選ぶ際には、客観的で合理的な基

準を設定し、これを公正に適用する必要があります。たとえば、女性のみ、高齢者のみ、特定の思想をもつ者のみを対象とするのは不合理ですが、欠勤日数、遅刻回数、勤続年数などの勤怠状況や会社貢献度を基準とするのは、客観的で合理的といえるでしょう。

④　解雇の手続きの妥当性

　整理解雇にあたって、労働組合や労働者への説明・協議、納得を得るための手順を踏んでいない整理解雇は無効となります。

▌退職勧奨がだめなら整理解雇になる

　よほど小さい企業や特別な配慮を必要とする相手に対して行うのでない限り、いきなり経営者が退職勧奨を行うケースはまずないでしょう。通常は対象者の上司が退職勧奨を行うことになります。

　注意しなければならないのは、退職勧奨を行う人は会社に残る立場にあり、対象者は会社を出て行かざるを得ない立場にあるという点です。会社が経営難に陥らなければ、本来であれば、会社の利益のために協力し合う関係にあったはずなのです。

　退職勧奨を行うのが経営者自身である場合には、自分が経営する会社のために、ある程度割り切って冷静な判断をすることができるでしょう。

　しかし、会社勤めをしている人が、自分と同じような立場である他の社員に対して退職勧奨を行うのは、心情的につらいものです。意識していなくても、退職勧奨を行う人に押しかかる精神的な負担は大きいと考えられます。また、退職勧奨を受ける人が受ける精神的な負担は、さらに大きいといえます。退職勧奨を行う目的は、人件費の削減であって、社員間の人間関係を悪化させることが目的ではありません。1人当たり3回ほどの面談を終えても予定していた人数に達しなかった場合には、退職勧奨に固執せずに整理解雇の手続きに移行した方がよいでしょう。

整理解雇を知らせるタイミングを見極める

　すでに退職勧奨と希望退職を行っている場合には、それが一段落してから整理解雇を実施します。一方、工場の閉鎖など会社の一部門を丸ごと閉鎖する場合には、他の部署に異動させたり関連会社や他社に出向や転籍をさせたりしない限り、その部門に所属している社員を対象に整理解雇をせざるを得ない状況となります。

　この場合は、部門を閉鎖する日が決定した段階で、なるべく早めに整理解雇を実施した方が対象となる社員のためです。早い段階で整理解雇を行うことを伝えれば、対象者も早めに再就職に向けて活動ができるからです。ただ、あまりに早いタイミングで知らせてしまうと、解雇予定日までの間にモチベーションの低下によって生産性の低下を招く恐れもあります。製造業などの場合には、重大な事故となりかねないので、あまりに早く伝えるのもリスクを抱える期間が長くなりすぎて危険です。結局は、社員の再就職準備期間として必要な３か月ほどの猶予を見て、知らせるのが妥当といえます。

　また、退職勧奨、希望退職、整理解雇の実施によって１か月以内に30人以上の退職者が出る見通しが立っている場合、実際に社員が退職し始める１か月前までに「再就職援助計画」を作成してハローワークに提出する必要があります。なお、再就職援助計画の認定後、退職予

■ 整理解雇の４要件 ……………………………………………………

整理解雇の４要件

- ① 人員削減の必要性
- ② 整理解雇を回避する努力を尽くしたかどうか（解雇回避努力義務）
- ③ 被解雇者の人選の合理性
- ④ 解雇の手続きの妥当性

定者に対して、再就職を実現するための支援を民間の職業紹介事業者に委託して行うなど、一定の方法で再就職を支援した場合は「労働移動支援助成金（再就職支援コース）」の申請ができるので、活用を検討するとよいでしょう。

▍後のトラブルに備えて証拠をそろえておく

　整理解雇を実施する場合には、まずは会社の厳しい状況を社員に説明し、整理解雇をせざるを得ない状況であることを理解してもらうようにしなければなりません。このためには、社員が十分に状況を理解できるように何度も説明会を開く必要があります。

　説明会はただ漫然と開くのではなく、参加者のリストを作成した上で、参加者全員にサインしてもらうようにします。説明会で話した内容の詳細、社員からの質問とそれに対する回答を漏らさず記載した議事録も作成するようにします。このように説明した内容や対象者を書面で残しておくと、後に社員との間で訴訟などのトラブルに発展したとしても、会社側が整理解雇を行う上で、社員に対して十分な説明を行ったことを証明しやすくなります。

■ **整理解雇や労働条件の引下げが無効となる場合** ･･･････････････

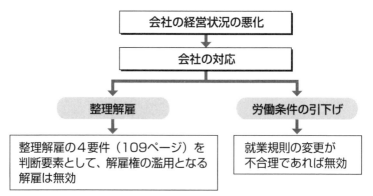

4 非正規社員に対する解雇・雇止め・雇用保険・社会保険の取扱い

雇止めや雇用保険・社会保険の加入に絡むトラブルが多い

解雇と雇止めでは扱いが違う

　解雇については、主として労働基準法や労働契約法に規定が設けられていますが、これらの法律でいう「労働者」には、パート従業員などの正社員以外の雇用形態も含まれます。パート従業員については「3か月」「6か月」といった雇用期間（契約期間）を決めて契約を結んでいることが多いでしょう。このような契約を有期雇用契約といいます。有期雇用契約を結んでいる従業員を解雇するときは「やむを得ない事由」が必要です。これは解雇権の濫用よりもハードルが高い要件です。しかし、有期雇用契約に関しては、解雇が問題となることは比較的少なく、雇用期間の満了時に会社が契約更新を行わず、退職として取り扱う「雇止め」がトラブルになることが多いといえます。雇止めは雇用期間の満了時に行われる点で、雇用期間中に行われる解雇とは異なります。しかし、一方的に会社を辞めさせられる点で、解雇と雇止めは共通しているため、パート従業員にとって雇止めは解雇に等しいものと考えられるでしょう。

　特に問題となるのは、会社が何回も契約更新を行い、パート従業員を継続して雇用していた場合です。雇用期間が満了して契約更新をするたびに、新しい雇用契約書を取り交わし、「原則として契約の更新はしない」との意思疎通ができていれば、トラブルとなることは少ないでしょう。しかし、最初の数回は契約更新時に新しい雇用契約書を作成していたが、その後は雇用契約書を作成せず、なし崩し的に契約更新をしていたケースでは、トラブルとなる可能性が高いといえます。会社側が雇止めなので問題ないと主張しても、パート従業員の雇用継

続への期待を無視できず、雇止めが無効と判断される場合があるからです（雇止め法理、120ページ）。なお、失業した際に受給できる雇用保険の失業等給付の額は、解雇と雇止めでは異なります。解雇の場合は、原則として特定受給資格者となるのに対し、雇止めの場合は、3年以上雇用関係が継続していた者であるなど、一定の要件を満たさないと特定受給資格者とならないからです。

このように、解雇と雇止めでは違いが出てくるため、雇止めをする段階になってトラブルになることも少なくありません。トラブルを避けるには、①有期雇用契約の締結時に双方が納得できる内容にする、②有期雇用契約の更新時に必ず新しい雇用契約書を交わす、③次回更新しない予定があれば雇用契約書に「更新しない」と明確に意思表示する、などの対応が必要です。

▎雇用保険の取扱いには注意する

雇用保険とは、労働者が失業したときの保障を目的としている制度です。パート従業員などの短時間労働者の場合は、次の2つの要件を満たす場合に限り、雇用保険への対象者となります。

・31日以上引き続き雇用されることが見込まれる

・1週間の所定労働時間が20時間以上である

雇用保険の対象者について、会社側は雇用保険への加入手続きをしなければなりません。しかし、短時間労働者に関しては、「雇用保険に加入しなくてもよい」「本人の希望を重視する」といった誤った認識のもと、経営者側が雇用保険への加入手続きをしておらず、失業したときに失業等給付を受給できないことも生じています。

そこで、公共職業安定所は、必要に応じて会社の事業所に調査に入り、対象者について資格取得の時効である2年間をさかのぼって加入手続きを行い、その分の保険料を支払うよう指導することを行っています。2年分の保険料となるとかなりの出費になりますので、経営者

側は「雇用保険加入は義務」と認識し、要件を満たす従業員について
は速やかに加入手続きを取るようにしましょう。

社会保険の加入要件が緩和された

　会社と有期雇用契約を結んでいる従業員であっても、１週間の所定
労働時間および１か月の所定労働日数が正社員（常時雇用者）の４分
の３以上である場合は、社会保険（健康保険・厚生年金保険）に加入
します。所定労働時間などが４分の３未満の短時間労働者についても、
以下の要件をすべて満たす従業員は、社会保険に加入することになっ
ています。

① 　１週間の所定労働時間が20時間以上である

② 　学生でないこと

③ 　月収が88,000円以上である（年収106万円以上）

④ 　雇用期間が2か月以上見込まれる

⑤ 　従業員数が常時101人以上の会社である。または、社会保険の加
　　入について労使間で合意した従業員数常時100人以下の会社である。

　さらに、⑤の会社規模については、令和６年10月からは51人以上と
なり、段階的に引き下げられることが決定しています。

■ 短時間労働者と労働保険・社会保険の適用 ……………………

保険の種類		保険への加入要件
労働保険	労災保険	なし（無条件で加入できる）
	雇用保険	31 日以上引き続いて雇用される見込みがあり、かつ、１週間の所定労働時間が 20 時間以上であること
社会保険	健康保険	原則として、１週間の所定労働時間および１か月の所定労働日数が、同じ事業所で同様の業務をする正社員の４分の３以上であること（従業員数が常時 101 人以上の企業などでは加入要件が緩和されている）
	厚生年金保険	

5 有期労働契約の更新にはどんな注意点があるのか

更新の有無や判断基準は労働者に示しておく

期間を定めて雇用する労働者

労働契約（雇用契約）には、有期労働契約（有期雇用契約）と無期労働契約（無期雇用契約）の２種類があります。一定の期間を定めて労働契約を結んだ上で、会社で働いてもらう場合に「契約社員」の呼称を使うことがありますが、法令で「契約社員」の定義がなされているわけではありません。無期労働契約を結んでフルタイムで働く正社員と区別する意味合いで、有期労働契約を結んでフルタイムで働く非正規社員を契約社員と呼ぶことがあります。

この他にも、情報通信技術を活用した「テレワーク」の労働者のことを指して契約社員と呼ぶこともあります。具体的には、パソコン、スマートフォン、タブレットなどの情報通信機器を使用し、主に自宅や別のオフィス（SOHO、サテライトオフィス）において仕事をするモバイルワーカー、在宅ワーカーなどのことです。

このように、契約社員の定義は各社の事情によってさまざまですが、おおまかにいうと「短期間」「短時間」「業務内容の特化」といった点で正社員との違いがあるといえます。

パート社員などとの間で有期雇用契約を結ぶ際の注意点は、契約期間（雇用期間）を定めるときは、原則３年が上限、高度な専門技術を有する労働者や満60歳以上の労働者は５年が上限という点です（労働基準法14条）。なお、高度な専門技術を有する労働者や満60歳以上の労働者を除き、１年を超える契約期間で働く労働者は、契約期間の初日から１年を経過した日以後であれば、会社に申し出て、いつでも退職ができます（労働基準法137条）。

契約の更新についての考え方を提示しておく

　パート社員との労働契約（雇用契約）は有期労働契約（有期雇用契約）とするのが一般的です。有期労働契約は、定められた期日に雇用関係が解消されることを前提としており、契約期間（雇用期間）の満了をもって会社と労働者との雇用関係は終了しますが、必要に応じて労働契約を更新することもできます。このような有期労働契約について、厚生労働省は「有期労働契約の締結、更新および雇止めに関する基準」（以下「本基準」という）を策定しています。

　本基準によると、会社が労働者と有期労働契約を結ぶ場合は、更新の有無および更新の判断基準をあらかじめ明示しておくことが必要です。具体的には、①特別の事情がない限り自動更新する、②契約期間満了のつど更新の可否を判断する、③特別の事情がない限り契約の更新はしない、などの明示が義務付けられています。さらに、契約を1回以上更新し、かつ1年以上雇用している労働者との契約を更新する場合は、契約期間を必要以上に短くせず、契約の実態や労働者の希望に応じ、できるだけ長くするように努める必要があります。

　これは、無期労働契約を結んでいる正社員に比べ、有期労働契約の労働者が「雇止め」に対する不安など、保護に欠ける状態にあることから、労働環境の改善を目的として策定されたものです。会社側には本基準を遵守することが求められています。また、有期労働契約の契約更新が繰り返し行われている場合は、特に年次有給休暇の取得において正社員と同等に扱われます。たとえば、パート社員に対して「半年更新だから」という理由で、契約期間を通算せずに年次有給休暇を与えないことは、労働基準法に違反するため注意が必要です。

雇止めをする場合の予告など

　有期労働契約の更新において生じる可能性が高い問題は、会社側が「契約更新をしない」という決定をしたときで、これを雇止めといいま

す。契約期間が満了すれば、それで雇用関係がなくなりますが、契約更新を繰り返していると、労働者は次の契約更新を期待するものです。

　雇止めについては、契約更新の手続きが形式的に繰り返されるなどして解雇と同視できる場合や、会社側の言動などによって契約更新による雇用継続を期待させる合理的理由のある場合は、有期労働契約の労働者に更新期待権が発生すると考えられ、雇止めについて労働契約法19条が規定する雇止め法理が適用され、雇止めが無効とされることがあります。会社側で雇止め法理の適用を防ぐためには、前述した「有期労働契約を結ぶときに、更新の有無および更新の判断基準を明示すること」に加えて、少なくとも以下の①〜③の行為をしておくことが必要です。これらの行為も「有期労働契約の締結、更新および雇止めに関する基準」で示されています。

① 「1年を超える契約期間の労働者」「有期労働契約が3回以上更新されている労働者」「有期労働契約の更新により通算1年を超えて雇用された労働者」のいずれかの雇止めをする場合は、少なくともその契約期間満了日の30日前までに、その予告をすること

② 上記①の予告をした場合に、労働者が雇止めの理由についての証明書を請求した場合は、遅滞なく交付すること

③ 雇止めをした後に、労働者が雇止めをした理由について証明書を請求したときは、遅滞なく交付すること

　契約更新をしない正当な理由としては、「契約更新の回数の上限をあらかじめ契約書に明示している」「担当業務が終了・中止した」「無断欠勤・遅刻など勤務態度が悪く、注意しても一向に改善されない」などがあります。

▎雇止めつき契約とは

　雇止めを明示した上で有期労働契約を締結することを「雇止めつき契約」と呼んでいます。また、雇止めをするという条項に着目して

「不更新条項」（不更新特約）と呼ぶこともあります。

　雇止めつき契約によって、契約期間中の雇用関係は保障されますが、期間満了時に雇用関係が当然に終了します。会社側から見れば、期間満了時にトラブルなく雇用関係を終了させることができるといったメリットがあります。労働者から見れば、あらかじめ会社側に契約更新の意思がないのを知らされることで、契約期間中に次の職場を探すだけの時間的余裕が得られるといったメリットがあります。会社としては、雇止めつき契約の締結前に、労働者に対して「期間満了後は契約が更新されないこと」を十分に説明し、契約締結後も継続的に相談に応じるなどの配慮が求められます。

■ パート社員と雇止め・解雇

```
┌──────────────────┐          ┌──────────────────┐
│   使用者による      │ ──────→  │  契約期間の満了と共に │
│ 有期労働契約の更新拒否 │          │   雇用関係終了      │
└──────────────────┘          └──────────────────┘
          │ 雇止め
          ↓
┌──────────────────────────┐
│      繰り返しの更新あり        │
│ ・期間の定めなしと同視できる場合  │
│ ・契約更新への期待が合理的な場合  │
└──────────────────────────┘
          │
          ↓
                        ┌────────────────────────┐
                        │ ・雇止め・解雇として手続きなど    │
                        │   の規則を受ける            │
┌──────────┐   解雇     │ ・雇止め法理・解雇権濫用法理の   │
│ 使用者による  │ ──────→  │   適用より雇止め・解雇が無効と   │
│無期労働契約の解約│          │   される場合がある          │
└──────────┘          └────────────────────────┘
```

Q 新入社員を採用するのでパート社員の雇止めを通知した ところ、「能力のある自分がなぜ雇止めを受けるのか」と 抗議されました。雇止めはどんな場合に認められるので しょうか。

A パート社員の有期労働契約は期間満了によって終了しますが、 契約を更新することも可能です。もっとも、有期労働契約の 更新を拒否する雇止めは、契約期間中の解約である解雇には該当しま せん。しかし、有期労働契約を更新した後に雇止めをすることによる 紛争が多いため、有期労働契約の更新について「雇止め法理」という ルールが置かれています。

具体的には、①有期労働契約の更新が繰り返されていて雇止めが解 雇と同視できる場合、もしくは、②労働者が有期労働契約の更新に対 する合理的な期待をもっている場合には、合理的理由を欠き、社会通 念上相当でない雇止めが無効となり、会社側（使用者）が有期労働契 約の更新を承諾したとみなされます（労働契約法19条）。そして、① 雇止めが解雇と同視できるかどうか、②契約更新に対して合理的期待 をもっているかどうかは、更新の回数や通算雇用期間、有期労働契約 の内容、雇用の継続に対する使用者の言動などから判断します。

今回のケースでは、パート社員の雇止めについて、雇止め法理が適 用される状況にあるかどうかを判断します。そして、雇止め法理が適 用される状況にある場合には、「新入社員を採用すること」を理由と するパート社員の雇止めが、客観的で合理的なものであって、社会通 念上相当といえるどうかを判断します。

したがって、雇止め法理が適用される状況にあると判断されれば、 雇止めが無効と判断される可能性が高まります。会社としては、①② に該当する状況をつくり出さないよう、有期雇用契約の労働者に関す る雇用管理をすることが重要です。

Q 会社側から有期雇用契約を途中解除することはできるのでしょうか。労働者側からの途中解除はどうでしょうか。

A 有期労働契約（有期雇用契約）の期間中は、原則として契約を解除することはできません。ただし、労働契約法17条によると、天災事変やそれに準ずる事情により事業が継続できなくなったなど「やむを得ない事由」があれば、契約期間中の会社側（使用者）からの契約解除が可能です。

　会社側からの契約の途中解除は解雇に該当するため、労働基準法20条に基づき、解雇する労働者に対して、少なくとも30日前に解雇を予告するか、予告をしない場合は30日分以上の平均賃金の支払いが必要になります。ただし、天災事変その他やむを得ない事由のために事業の継続が不可能となった場合で、行政官庁（所轄の労働基準監督署長）の認定（除外認定）を受ければ、解雇の予告や解雇予告手当の支払いを行わずに解雇ができます。なお、解雇について労働者が被った損害を賠償する責任を負う場合があります。

　これに対し、労働者側の事情で有期労働契約を途中解除する場合も、民法628条に基づき「やむを得ない事由」が必要です。ただし、有期労働契約の労働者は、民法628条の規定にかかわらず、契約期間の初日から1年を経過した日以後は、いつでも退職できるのが原則です（労働基準法137条）。なお、労働者についても、途中解除によって会社が被った損害を賠償する責任を負う場合があります。

　しかし、現実的には、労働者が出社しなくなった場合、無理に出勤を迫ることもできないことや、労働者に損害賠償をするだけの資力がないことも多い、といった事情があることから、労働者からの有期労働契約の途中解除は、比較的自由に行われる傾向にあるようです。

Q 取引先の仕事が打ち切りになったことで、業績の悪化が予想されるため、やむを得ず契約期間が途中のパート従業員を解雇したいのですが、何か問題が生じるでしょうか。

A 　パート従業員などが結んでいる有期雇用契約（雇用期間の定めがある雇用契約）は、雇用期間中の雇用継続を保証することを前提とした契約ですから、原則として雇用期間中の解雇はできません。労働契約法17条は、「使用者は、期間の定めのある労働契約について、やむを得ない事由がある場合でなければ、その契約期間が満了するまでの間において、労働者を解雇することができない」と規定しています。この規定の「やむを得ない事由」は、解雇権濫用法理（労働契約法16条）が適用される場面よりも、解雇の有効性を厳しく判断することを意味します。解雇権濫用法理とは、客観的に合理的な理由がなく、社会通念上の相当性のない解雇を無効とするもので、無期雇用契約（雇用期間の定めのない雇用契約）を結んでいる正社員などへの適用が想定されています。この解雇権濫用法理よりも解雇の有効性が厳しく判断されることから、雇用期間の途中に有期労働契約を結んでいるパート従業員を雇用期間中に解雇するためのハードルは、無期雇用契約を結んでいる正社員を解雇するよりも高いことになります。したがって、有期雇用契約を結んでいる労働者の人員整理は、労働契約法16条が適用されない「雇止め」によって行うことが多いといえます。

　本ケースでは、「取引先の仕事が打ち切りになったことで、業績の悪化が予想される」ということが解雇事由となっていますが、これが「やむを得ない事由」であると認められれば、雇用期間が途中のパート社員を会社が解雇することが認められます。「やむを得ない事由」があるかどうかは、事案に応じて個別具体的に判断されます。今回のケースでは、パート従業員を解雇しなければ、会社経営に重大な支障を直ちに及ぼす可能性が高いという状況を、会社側が立証しなければ

なりません。

そして、会社側の「やむを得ない事由」が立証され、パート従業員を雇用期間中に解雇することになった場合には、労働基準法20条に基づき、少なくとも30日前の予告（解雇予告）をするか、予告をしない場合は30日分以上の平均賃金（解雇予告手当）の支払いが必要です。

今回のように解雇によって人員整理を行うことを整理解雇といいます。整理解雇を行う場合は、人員削減をする必要性があり、配転や労働時間削減など解雇を回避するための努力を行い、客観性・合理性のある基準によって解雇対象者を選定し、労使間で十分に協議を行うといった会社側の行動が求められます（整理解雇の4要件）。これらは解雇対象者の雇用体系にかかわらず行われなければならないので、解雇対象者がパート従業員であっても、同様の行動をとった上で解雇に臨まなければなりません。

さらに、民法628条に基づき、解雇事由が会社側の過失によって生じたときは、解雇した労働者に対して損害賠償の責任を負わなければなりません。したがって、解雇を行う会社側としては、残りの雇用期間分の賃金と同程度の損害賠償金を負担しなければならなくなる場合もあることを知っておく必要があります。

■ 有期契雇用契約の労働者を解雇するときのポイント ……………

①解雇にやむを得ない事由があるか	➡	あれば解雇が認められる
②解雇予告をしたか、または解雇予告手当を支払ったか	➡	労働者から解雇の無効主張や解雇予告手当の請求を受ける場合がある
③整理解雇の4要件を満たすか（解雇回避努力などをしたか）	➡	左記を判断基準とし、解雇権の濫用に当たらなければ解雇が認められる

※残りの契約期間分の賃金と同程度の損害賠償金を請求される可能性あり

Q 経営状況が厳しいため、週３日勤務のパート社員を整理解雇する予定です。勤務日数が正社員よりも少ない場合でも解雇予告手当を30日分支払う必要があるのでしょうか。

A 　会社が労働者を解雇する場合は、解雇予定日の30日以上前に予告（解雇予告）をするか、解雇予告手当の支払いをしなければなりません。解雇予告や解雇予告手当の対象者は、正社員に限らず、勤務日数の少ないパート・アルバイトなどの非正規社員も含まれます。

　ただし、以下の①〜④のいずれかに該当する労働者に限り、解雇予告や解雇予告手当の適用が除外され、解雇する際に解雇予告や解雇予告手当の支払いが不要となります。したがって、本ケースのパート社員が①〜④に該当しないのであれば、解雇予告もしくは解雇予告手当の支払いが必要です。

① 　日雇い労働者（雇用されてから１か月以内に限る）

② 　２か月以内の契約期間を定めて雇われる者（定められた契約期間以内に限る）

③ 　季節的業務に４か月以内の契約期間を定めて雇われる者（定められた契約期間以内に限る）

④ 　試用期間中の者（雇用されてから14日以内に限る）

　解雇予告について必要となる予告日数は、平均賃金１日分を支払った日数分だけ短縮ができます。そのため、解雇予告手当について30日分以上の平均賃金の支払いが必要とされるのは、支払いをした日に解雇する場合（即日解雇）となります。

　なお、天災事変その他やむを得ない事由があって事業継続ができなくなった場合、もしくは労働者側の帰責事由で労働契約を継続できない場合は、所轄の労働基準監督署長の認定（除外認定）を受けることで、解雇予告や解雇予告手当が不要となります。

6 契約期間のルールについて 知っておこう

通算した契約期間が5年を超えれば無期労働契約に転換できる

有期労働契約の契約期間の上限

　有期労働契約（有期雇用契約）の契約期間は、原則として3年が上限です。ただし、厚生労働省が認める高度な専門技術を有する労働者の場合、または満60歳以上の労働者の場合は、5年が上限となります（労働基準法14条）。ここで「高度な専門技術を有する労働者」とは、①博士の学位を有する者、②公認会計士・弁護士・税理士・社労士・医師などの資格を有する者、③システムアナリスト資格試験合格者、またはアクチュアリーに関する資格試験合格者、④特許発明者など、⑤システムエンジニアとして5年以上の実務経験を有するシステムコンサルタントで、年収が1075万円以上の者などが該当します。

　その他、建設工事のような有期事業もしくは認定職業訓練などで、事業や訓練の完了までに一定の期間が必要な場合は、上記の3年・5年を超えた契約期間を定めた労働契約の締結が可能です。たとえば、工事完成まで10年を要する工事に従事する労働者の場合は、契約期間10年を上限とする労働契約を結ぶことができます。

1年経過日以後はいつでも退職できるルールがある

　契約期間を定めた以上、やむを得ない事由がない限り、労働者は契約期間中の退職はできないのが原則です（民法628条）。ただし、前述した高度な専門技術を有する労働者と満60歳以上の労働者を除いて、1年を超える契約期間で働く労働者は、契約期間の初日から1年を経過した日以後は、会社側（使用者）に申し出ることで、いつでも退職ができます（労働基準法137条）。たとえば、3年の契約期間で働いて

いる労働者は、契約期間の初日から１年を経過した日以後であれば、いつでも労働者の都合で辞めることが可能です。

契約の更新により通算の契約期間が５年を超えた場合

　有期労働契約を締結するパート社員や契約社員などにとって、雇止めへの不安は切実なものがあります。そこで、労働契約法18条では、有期労働契約から無期労働契約への転換に関する制度（無期転換ルール）を定めています。具体的には、同じ会社（使用者）との間で締結していた複数回の有期労働契約の通算期間が５年を超えれば、有期労働者（有期労働契約を締結している労働者）は、労働契約を無期のものに転換するよう会社側に申込みができます。この申込みにより、現在の有期労働契約の期間満了時から無期労働契約へと転換されます。

　もっとも、無期労働契約への転換後の労働条件は、有期労働契約を締結していた時と同じでかまいません。また、会社側は、上記の申込みを拒否できず、自動的に承諾したとみなされます。

無期転換ルールの例外（クーリング期間）

　無期転換ルールには「５年」という通算期間の算定に関する例外があります。それは、有期労働契約の終了から次の有期労働契約の開始までの間（空白期間）が６か月以上の場合、前後の契約期間の通算が

■ 労働契約の期間

期間の定め ┬ なし ───→ 労働者はいつでも解除できる
　　　　　　└ あり ─ 原則 → ３年が上限
　　　　　　　　　　　 例外① → ５年が上限
　　　　　　　　　　　　　　　高度な専門技術をもつ者・60歳以上の者
　　　　　　　　　　　 例外② → 有期事業や認定職業訓練については事業や
　　　　　　　　　　　　　　　訓練の完了に必要な期間が上限となる

認められないことです。この際の空白期間をクーリング期間といいます。なお、クーリング期間の前の契約期間が１年未満の場合は、その契約期間の２分の１を基本としてクーリング期間が決定されます。

無期転換ルールに関する特例

　無期転換ルールに関しては、専門家の特例、特別措置法による特例、という２つの特例が設けられています。

①　専門家の特例

　対象となる専門家は、大学等・研究開発法人との間で有期雇用契約を締結している教員等、研究者、技術者、リサーチアドミニストレーターです。その他、民間企業との間で有期雇用契約を締結している研究者等で、大学等・研究開発法人との共同研究に専従する者も含みます。これらの専門家の申し出により無期労働契約への転換が可能になるまでの通算期間は「５年」ではなく「10年」とされています。

②　特別措置法による特例

　有期労働者が高度な専門技術を有する者や継続雇用制度の高齢者である場合、一定期間内は無期労働契約への転換申込権が発生しないという特例が設けられています（都道府県労働局長の認定が必要です）。

■ 無期転換ルールの内容 ………………………………………

【有期労働契約（通算期間５年超）】

有期労働者　　　　　　　　　　　　　　　　　会社（使用者）

「無期労働契約（期間の定めのない労働契約）への転換」

☆ 原則６か月以上のクーリング期間（未契約期間）をはさんでいる場合、クーリング期間前の契約期間は通算されない。

☆ 会社は、有期労働者による転換の申込みを自動的に承諾したとみなされるため、会社が転換の申込みを拒否することはできない。

Q 業務中のケガで休業中の契約社員について、期間満了で雇止めにしたいと思っているのですが、問題はないでしょうか。

A 会社（使用者）は、業務中のケガや病気によって休業する労働者については、その休業期間中と休業期間後30日の間、解雇することができません（労働基準法19条）。この解雇制限は、今回のケースのように、休業期間中もしくは休業期間後30日の間に契約期間が満了する有期労働契約の労働者を雇止めする場合には適用されません。契約期間の満了に伴って会社が契約更新を拒否する雇止めは、契約期間中に会社が一方的に雇用関係を終了させる解雇には該当しないからです。

ただし、特に契約更新を過去にしていた場合には、雇止め法理の適用に注意が必要です。

雇止め法理とは、①有期労働契約の更新が繰り返されており、雇止めが解雇と同視できる場合であるか、②労働者が有期労働契約の更新に対する合理的な期待をもっている場合には、合理的理由を欠き、社会通念上相当でない雇止めが無効となり、会社が有期労働契約の更新を承諾したとみなされるという法規定です（労働契約法19条）。

本ケースの場合、契約社員に①または②の事情が認められ、雇止め法理が適用される状況にある場合には、「業務中のケガにより休業している」という点のみをもって雇止めをすることは、合理性も相当性もなく無効であると判断される可能性が高いといえます。

なお、①契約期間が１年を超えている、②３回以上契約を更新している、③契約が更新（反復）され、１年を超えて継続雇用されている、のいずれかに該当する労働者について、その有期労働契約を更新しないとする場合には、厚生労働省が示している「有期労働契約の締結、更新および雇止めに関する基準」に基づき、労働者に対して、少なくとも契約満了の30日前に雇止めの予告が必要です。

高年齢者を解雇する場合に気を付けなければならないこと

高年齢者等の雇用の確保を目的とした法律がある

企業は高年齢者の雇用を確保する義務がある

　人材の活性化という観点から、どうしても高齢の労働者は解雇や退職勧奨の対象とされがちです。その効果的な雇用管理は企業の重要な課題ということができるでしょう。高年齢者雇用安定法は、高年齢者（55歳以上の者）の雇用の安定や、高年齢者等（45歳以上の者）の再就職の促進などを目的とした法律です。

　特に高年齢者雇用確保措置として、65歳未満の定年制を採用する事業主に対し、①定年の引上げ、②継続雇用制度（再雇用制度や勤務延長制度を活用して65歳まで引き続き雇用する制度）の導入、③定年制の廃止のいずれかを選択する義務を課していることが重要です。多くの企業では、60歳で定年退職し、65歳まで１年などの雇用期間を定めて更新する再雇用制度が採用されています。また、令和３年施行の改正では、65歳までの継続雇用制度を採用する事業主などに対し、①定年の引上げ、②定年制の廃止、③65歳以上継続雇用制度の導入、などの高年齢者就業確保措置を講じる努力義務が課されました。

定年後再雇用者を雇止めできるのか

　定年後再雇用する場合には、通常１年の雇用期間を定めます。そのため、事業主は雇用期間が満了した際に更新するかどうか判断する必要があります。60歳で定年退職し、１年後の雇用契約が満了するタイミングで契約を更新しないとすることはできるのでしょうか。定年後再雇用であったとしても、雇止め法理が適用されます。労働契約法19条では、①過去に反復更新された有期労働契約について、その雇止め

が無期労働契約の解雇と社会通念上同じと認められるもの、②有期労働契約が更新するものとして期待することについて、合理的な理由があると認められるもの、これら①②のいずれかの有期労働契約を更新しない場合には、「客観的に合理的な理由」があって「社会通念上相当である」と認められることが必要であると規定しています。

定年後再雇用者については、制度上、65歳まで引き続き雇用することを事業主に義務付けているため、労働者も65歳まで有期労働契約が更新されるものと期待していると考えられます。そのため、上記②に該当すると考えられることから、定年後再雇用者の有期労働契約を更新しないことについて「客観的に合理的な理由」があって「社会通念上相当である」と認められることが必要です。つまり、年齢だけを理由に労働契約を更新しないことは、客観的に合理的な理由にはならないため、雇止めは無効となります。

また、体力や能力の低下を理由に雇止めをする場合には、労働契約書などに労働契約を更新しない場合の判断基準を明示しておく必要があります。さらに、体力や能力の低下による雇止めが認められるためには、体力や能力の低下が原因で業務に支障が生じていることや、改善の見込みがないことなどの客観的な事実が必要です。

高年齢者等を解雇した場合には再就職援助を考える

高年齢者雇用安定法では、45歳以上70歳未満の高年齢者等が解雇（高年齢者等自身の帰責事由による場合を除きます）などの理由により離職する場合で、その高年齢者等が再就職を希望する場合には、求人の開拓などの再就職援助措置を実施することを、事業主の努力義務として課しています。また、事業主には、高年齢者等が解雇（高年齢者等自身の帰責事由による場合を除きます）などの理由により離職する場合で、その高年齢者等が希望する場合には、求職活動支援書を作成し、それを交付する義務が課せられています。

求職活動支援書には、離職予定者の氏名、職務経歴、資格・免許、受講した講習などの内容を記載します。再就職のあっせんや求職活動のための休暇を付与する場合には、それらの措置の具体的な内容も記載します。求職活動支援書の対象者に共通して実施される措置を求職活動支援基本計画書として作成することで、労働移動支援助成金が支給されることがあります。

多数離職者に関する届出を行う

　事業主都合で労働者を解雇し、多数の離職者が発生する場合は、ハローワークへの届出が必要です。多数の離職者が地域で発生する場合にハローワークが迅速かつ的確な対応を行うため、事前の届出を義務付けています。たとえば、1か月以内に30人以上が事業主都合で離職する場合は、事業所の所在地を管轄するハローワークに大量雇用変動届の提出が必要です（労働施策総合推進法27条）。また、雇用する45歳以上70歳未満の高年齢者等が1か月以内に5人以上が事業主都合で離職する場合は、事業所の所在地を管轄するハローワークに多数離職届の提出が必要です（高年齢者雇用安定法16条）。

■ 定年再雇用者の雇止め ……………………………………………

下記に該当する契約を更新しない場合、「客観的に合理的な理由」があって「社会通念上相当である」と認められることが必要

①過去に反復更新された有期労働契約について、その雇止めが無期労働契約の解雇と社会通念上同じと認められるもの

②有期労働契約が更新するものとして期待することについて、合理的な理由があると認められるもの

定年再雇用者は、通常65歳までの継続雇用を期待している
⇒②に該当する

Q 当社では、定年後の従業員について給料カットなどの条件見直しをした上で同じ仕事で嘱託として再雇用しているのですが、従業員は不満のようです。何か問題になるのでしょうか。

A 定年後の労働者（従業員）を嘱託社員として雇用する場合に賃金を減額するケースが多く見られます。定年前と比較して賃金を減額することが直ちに違法となるわけではありません。しかし、嘱託社員にすれば当然に賃金を減額できるという認識は間違っています。定年前と比較して業務内容や人事異動のしくみ（業務内容や配置が変更される範囲）などが変わらないにもかかわらず、雇用形態が嘱託社員になっただけで賃金を減額することは、以下の「短時間労働者及び有期雇用労働者の雇用管理の改善等に関する法律」（短時間・有期雇用労働法）の規定に違反することに注意が必要です。

① 短時間労働者や有期雇用労働者の待遇について、職務の内容（業務内容）、人事異動のしくみ（職務の内容と配置の変更の範囲）などの事情を考慮し、通常の労働者（正社員）の待遇との間において不合理な相違を設けることの禁止（均衡待遇、8条）

② 職務の内容や人事異動のしくみが通常の労働者と同一の短時間労働者や有期雇用労働者について、基本給や賞与などの待遇について差別的取扱いをすることの禁止（均等待遇、9条）

①の均衡待遇は、すべての嘱託社員に適用されますが、正社員と同等の待遇までは要求されません。これに対し、②の均等待遇は、正社員と比較して職務の内容や人事異動のしくみが同一の嘱託社員に適用され、正社員と同等の待遇が要求されます（同一労働同一賃金）。したがって、再雇用後に賃金を減少させる場合は、業務内容や業務への責任の程度などを軽減し、転勤はないことにするなど、労働条件に関して十分に配慮することが必要です。

8 問題社員の扱いに困っているという場合もある

会社として毅然とした態度をとることも大事

┃会社からの命令に従わない問題社員への対処法

　自分の権利を常に主張する労働者は理論武装しており、会社側がこれに対抗するのは難しい場面もあります。たとえば、「社内の掃除に参加しない」ことについて、それを就業時間前に行うことを要求しているのであれば、労働者が遅刻をしていない限り、掃除への不参加を理由に懲戒処分はできません。服装や髪型の指示についても、あらかじめ就業規則などに明記していないのであれば、会社側による細かい指示はできないと考えるべきでしょう。

　問題社員の言動によって、会社側が迷惑を受けているのであれば、何らかの対処が必要です。最初は、口頭で「なぜその言動に問題があるのか」を十分に説明し、改善指導をしてみましょう。「どうせ言っても聞かない」「法律や規則を盾にして反論されるだけ」と改善への対応をしない場合は、解決の方向に向かいません。それでも問題社員の言動が改善されない場合には、さらに強硬な対処をする必要があります。具体的には、次のような対処をすることが考えられます。

① 　**昇給をしない**

　労働契約（雇用契約）で決まっている賃金を会社側が一方的に減給することはできません。しかし、「職場の業務遂行を妨げている」という理由で評価をせず、昇給を見送ることは可能です。

② 　**賞与を支給しない**

　賞与は月々の賃金と違い、支給するかしないかを会社側が決めることができます。就業規則などで賞与の支払いについて定めている場合は、その定めに基づいて支給の有無を決定しなければなりません。

③　配置転換を命ずる

　問題社員の言動が「職場の業務遂行を妨げている」ようであれば、それを理由に配置転換をすることは、業務上の必要があって有効と認められる可能性が高いでしょう。ただし、遠隔地への転勤を伴う場合には、不当な動機があるものとして配置転換の命令が無効と判断されることがあります。

退職か解雇かでもめる場合

　退職理由について労働者と会社の見解が異なるのは、比較的よくあるケースです。公共職業安定所は、どちらかに肩入れすることはありません。双方から退職時の状況や手続きなどを聴取して、中立的な立場からどの退職理由が妥当であるかを判断します。したがって、公共職業安定所から問合せがあっても慌てる必要はありません。必要書類の提出や聴取などの調査に誠実に協力し、事実を漏らすことなく報告することで十分です。

■ 問題社員への対処方法 ……………………………………

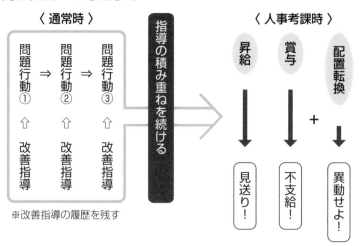

9 問題社員が「辞める」と発言した場合の対応を知っておこう

自分から辞めた証拠として退職届を提出してもらう

口頭でやめるといっただけでは弱い

有能な社員に残ってもらい、問題社員に辞めてもらうことができるかどうかは、会社にとって大きな関心事といえます。問題社員が自ら「会社を辞める」と発言した場合には、波風立てずに会社を退職してもらう流れになりますので、慎重に対応しましょう。

たとえば、希望退職の募集に伴って行う面談時に、社員の業績や勤怠状況について注意することもあると思います。そのような場面で感情的になった問題社員が「会社を辞める」と発言した場合、問題社員が口頭で表明した意思をそのままにせず、後から証拠として使える形にすることができるかどうかが大きなポイントとなります。後から証拠として使える形として、口頭での意思表示だけでは足りないからです。

一番よいのは、問題社員から退職届（辞表）を提出してもらうことです。退職届を提出してもらえば、その社員が会社を辞めた場合に、自己都合退職であることを証明しやすくなります。しかし、口頭での意思表示だけで、辞める意思を示した文書や電子メールなどが存在しないと、元社員と裁判で争う事態になったときに、元社員が本当に自分から「会社を辞める」と発言していたとしても、それを証明することが難しくなります。

解雇通知をするのではなく退職届を書いてもらう

問題社員との間で行き違いがあり、修復が難しい状況に至ったとしても、冷静に対応するようにしましょう。問題社員が「こんな会社は辞めてやる！」と発言をした場合、「こんな社員はクビにしてやる！」

と思っても、売り言葉に買い言葉で、会社側から解雇を言い渡すのは得策ではありません。

　たとえば、自分から辞めると発言した社員が会社に出勤しなくなり、結果的に会社を辞めたとします。しかし、後になって「会社に辞めさせられた」「不当解雇された」などと元社員が主張してくるケースが少なくありません。この場合、自分から辞めると言い出した社員に対して、会社側から解雇通知の文書などを出していたらどうなるでしょうか。裁判官から見ると、元社員が自ら辞めると発言したことを裏付ける文書などがなく、解雇通知書が証拠として重要視されることになるのです。

　問題社員が会社を辞める時には、後から自己都合退職か、不当解雇かをめぐって裁判となる可能性を頭に入れておきましょう。そして、裁判となっても対応できるように、社員が自分から辞めると申し出てきた場合には、必ず退職届（辞表）を書いてもらうようにしましょう。

　人員削減は会社の再建のために行うものです。最終的には整理解雇（109ページ）を実施するとしても、その前の段階である希望退職によって辞めてもらうことができれば、その方がよいのです。

■ 社員の上手な辞めさせ方 ･･････････････････････････････････

◆ ヘタな対応	◆ 上手な対応
無能な社員を辞めさせたい	無能な社員を辞めさせたい
⬇	⬇
ロクな証拠も残さぬまま、感情的になってクビを通告する	社員の問題行為についての証拠をそろえ、文書で退職届（辞表）を書いてもらう
⬇	⬇
後で裁判沙汰になったときに、自らの意思で辞めたことを証明できず困る	仮にトラブルになっても、対応できる

10 未払い残業代がある場合には注意する

労使双方が就業時間内の労働が基本であることを徹底すべき

労働時間の管理に注意する

労働者（従業員）の労働時間を把握・管理することは、仕事の効率化や賃金の計算などを行う上で、非常に重要です。これを怠ると、後から賃金をめぐってトラブルになる可能性があります。

労働基準法によると、会社が時間外労働（1日8時間もしくは1週間40時間を超える労働）をさせた場合は、2割5分以上の割増率（1か月の時間外労働が60時間を超えた場合、その超えた部分は5割以上の割増率であるが、中小企業は令和5年4月から適用される）で計算した割増賃金を支払わなければなりません。また、会社が休日労働（原則として1週1日の法定休日における労働）をさせた場合は、3割5分以上の割増率による割増賃金を支払わなければなりません。

労働者が組合活動や訴訟などを通じて、未払いとなっている残業代をさかのぼって支払うように請求してきた場合、その金額は莫大なものになりかねません。そのようなリスクを考えると、経営者は「残業代は必ず支払わなければならない」と理解しておくべきでしょう。

サービス残業をさせた時点では請求してこなかったとしても、労働者が退職時に請求してくる可能性があります。残業代不払いと言われないように、就業規則やタイムカードの管理体制などを整備しておくことが必要です。

退職時に会社に対して法的請求をしてくる

在職中は不利益取扱いを受けるのを恐れて不払いに異議を申し出なかった労働者が、退職後に会社に対して法的請求をしてくることが考

えられます。未払賃金の支払請求権を行使できる期間（時効期間）は、賃金支払日から2年間でしたが、令和2年施行の労働基準法改正により、同年4月1日以降に支払期日が到来する賃金請求権については賃金支払日から5年間（当面の間は3年間）に延長されています。

したがって、労働者に残業代を支払っていないときは、多額の支払いを請求される可能性が生じます。会社が訴訟を提起された後に対応しようとしても、元労働者からタイムカード、出退勤の記録、給与明細などの証拠が裁判所に提出されると、未払賃金の支払いを命じられることになるでしょう。

それならば、労働時間の記録を証拠として残さなければよいのかといえば、決してそうではありません。過去の裁判例からすると、未払残業代請求の裁判において、労働時間の記録が曖昧で正確な算定が難しいと、その時点で会社に不利になる傾向にあります。したがって、会社として正確な労働時間を記録することが求められている以上、それに応じた残業代を当初から正しく支払っておくべきなのです。

▌請求される金額は残業代だけではない

労働者や元労働者から未払賃金の支払いを求める訴訟が提起された場合には、未払期間をさかのぼって合計した金額分の請求を受けることになります。前述したように、期間は最大3年間までさかのぼることができます。

未払賃金には遅延損害金が上乗せされるのが要注意です。遅延損害金の利息は、退職者が請求する場合は、年利14.6％で計算した金額です（賃金の支払の確保等に関する法律6条1項）。これに対し、在職中の労働者が請求する場合は、令和2年施行の民法改正に伴い、同年4月1日以降に支払期日が到来する賃金請求権については年利3％で計算した金額です（従来は年利6％で計算した金額でした）。

さらに、未払残業代の部分については、令和2年4月1日以降に支

払期日が到来する賃金請求権について、最大３年分の未払い額と同じ金額の付加金の支払いを裁判所から命じられる場合があります（労働基準法114条）。

慰謝料を請求されることもある

　残業代の未払いについて労働者や元労働者が訴訟を起こしてきた場合には、遅延損害金や付加金を含めた未払分の金額の支払請求に加えて、慰謝料の支払いを請求してくることも考えられます。残業が長時間労働と切り離せない関係にあり、未払残業代を請求できる状況にある労働者などは、長時間労働が原因で「心疾患を患った」「うつ病になった」といった労災に該当するような状況に至っている可能性があるからです。また、残業代を支払わない職場は、法令遵守への意識が低く、上司によるパワハラ、セクハラなどが横行している可能性もあり、それに関する慰謝料の請求を受けることも考えられます。

■ 未払いの残業代があった場合の支払額（令和２年４月以降）…

賃金支払日が令和２年４月以降の分について支払うべき金額

❶ 未払い残業代　←　過去５年（当面の間は３年）まで

＋

❷ 遅延損害金（利息）　←　雇用中の労働者＝年利３％
元労働者＝年利 14.6％

＋

❸ 付加金　←　最大で５年分（当面の間は３年分）の
未払い残業代と同額の支払いを
命じられる可能性あり

＋

❹ 慰謝料　←　労災やパワハラなどのトラブルが
あった場合に請求される可能性あり

裁判になった場合の対応について知っておこう

残業代を支払わなければならない状況にあるかどうかを吟味する

どのように対抗したらよいのか

　残業代の未払いについて、労働者（元労働者を含みます）から労働審判の申立てを受けたり、訴訟を起こされたりした場合には、会社としては、労働者側が主張する残業時間が、本当に労働基準法上の労働時間に該当するかどうかを検討する必要があります。労働時間とは、客観的に見て、会社側の指揮命令の下にある時間のことです。就業規則などで定める就業時間外であっても、労働時間に該当すると判断される場合があることに注意を要します。

　労働時間に該当していないことを裏付ける証拠があれば、それを裁判所に提出して、労働時間にあたらないことを主張します。これに対し、労働時間に該当する場合には、それが割増賃金の支払義務がある労働時間にあたるかどうかを検討します。つまり、残業代の対象となる労働時間ではないことを証明します。たとえば、労働者側が裁量労働制や事業場外のみなし労働時間制の対象者である、管理監督者に該当する、といった主張が考えられます。その他、実際に割増賃金を支払っていれば、その事実を主張することも必要です。

　なお、年俸制に関しては、年俸制を導入しているから残業代の支払義務を免れるわけではない点に注意を要します。

どんな証拠が出されるのか

　労働審判の申立てや訴訟提起が行われた場合、雇用契約（労働契約）が成立していることの証拠として、労働者側から雇用契約書や給与明細書、業務報告書などの書面が裁判所に提出されます。そして、

時間外労働手当や休日労働手当に関する取り決めがどのようになっていたかを裏付ける証拠が提出されます。具体的には、就業規則もしくは賃金規程、雇用条件が記載された書面などです。また、実際に時間外労働や休日労働を行った事実を証明するものとして、タイムカードや業務日報などが提出されます。

会社は何を立証するのか

会社側としても、タイムカードや就業規則、雇用契約書、労使協定の書面に記載した内容が、労働者側が主張する残業時間に該当しないことを証明できるものであれば、裁判所に提出します。

労働者側が主張する残業時間が労働時間に該当するとしても、割増賃金の対象となる労働時間に該当しないことを証明するためには、たとえば、訴訟を起こした労働者が、裁量労働制や事業場外のみなし労働時間制の対象者である場合や、管理監督者である場合には、その事実を裏付ける証拠を用意します。また、長期間の未払い分を請求してきた場合には、請求の対象となる残業時間に対応する残業代の請求権が3

■ 不払いの残業代の訴訟で主張する事項

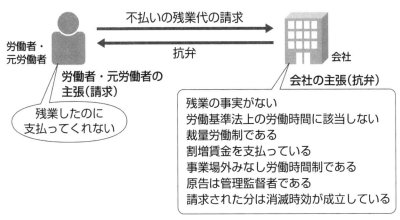

不払いの残業代の請求

抗弁

労働者・元労働者

会社

労働者・元労働者の主張（請求）

会社の主張（抗弁）

残業したのに支払ってくれない

残業の事実がない
労働基準法上の労働時間に該当しない
裁量労働制である
割増賃金を支払っている
事業場外みなし労働時間制である
原告は管理監督者である
請求された分は消滅時効が成立している

年間（退職金については5年間です）の時効期間（138ページ）を経過しているかどうかを確認し、経過している場合は消滅時効を援用します。

　残業時間があったことを証明する資料としては、労働者側からタイムカードや業務日報、報告書などが提出されることが多いのですが、それがない場合には、労働者が日々つけていた日記やメモ、あるいはメールの記録などが証拠として提出されることもあります。個人的な日記や手帳などは、決定的な証拠とはならないこともありますが、その日記や手帳などを会社側が作成させていた場合や、上司などが内容を確認していた場合には、証拠としての信用性が高くなります。

　そして、会社側に客観的な証拠がない場合、裁判では不利な状況になることに注意してください。たとえば、タイムカードなどの証拠を労働者側がそろえているような場合で、会社側に反証できるものがなく、労働者側も残業時間を立証できる証拠がないときです。この場合、本来会社側に労働時間管理の記録義務があるため、会社にも記録がないことになると会社が不利な状況になるのです。

管理監督者と認められるための条件

　会社が訴訟を起こしてきた労働者を管理監督者として扱っていた場合、管理監督者に該当すると認められ、残業代を支払わなくてもよくなるのは、次の条件を満たした場合に限られます。
・与えられた職務内容、権限、責任が管理監督者にふさわしいもので、労務管理などについて経営者と一体の立場にあること
・勤務態様や労働時間などが会社に管理されていないこと
・管理監督者としてふさわしい待遇を受けていること
　以上の条件を満たしておらず、役職の名称だけが管理監督者のような扱い（支店長、部長、課長、店長など）になっている者は、管理監督者とは認められません。また、管理監督者に対しても深夜労働の分は支払う義務があります。

12 問題社員の解雇について知っておこう

就業規則などに解雇に関する規定がなければ社員を解雇できない

通常は普通解雇で対処する

　問題社員にもさまざまなタイプがいますが、雇用を継続するのが難しいと判断されるケースとして、次のような社員が考えられます。

・無断欠勤や遅刻が多いなど勤怠に問題がある社員

・業務命令に従わないなど勤務態度が悪い社員

・周囲の社員との協調性に欠ける社員

・新規契約を獲得できないなど勤務成績が悪い社員

・業務に必要な能力が不足している場合

　以上のケースにあてはまる社員を解雇する場合は、よほどの事情がない限り、懲戒解雇ではなく普通解雇を選択することになるでしょう。しかし、問題社員が存在しても、就業規則や雇用契約書などに解雇に関する規定を設けていなければ、その問題社員を解雇することができない点に注意を要します。解雇に関する規定がない会社で、問題社員を解雇する場合には、解雇をする前に、就業規則の変更手続きを経て解雇事由に関する規定を就業規則に盛り込むか、個々の労働者と合意して雇用契約書に解雇事由に関する規定を追加する必要があります。

　そして、就業規則や雇用契約書などの解雇事由にあたると判断しても、本当に解雇事由にあたるのかを、十分に確認するようにします。解雇に合理的な理由や社会通念上の相当性がないと無効になるからです（解雇権濫用法理）。そこで、解雇に至るまでに会社側が改善指導や教育訓練をしてきたことや、配置転換をして雇用継続の努力をしてきたことを証明できる書類などをそろえておきます。さらに、解雇の根拠となる問題社員の態度や成績、能力不足などについても、それら

が解雇せざるを得ない程度のものであることを示せるようにします。その場合、他の社員や会社の業績に対して、問題社員が悪影響を与えていることを示すという方法も有効です。

■ ときには懲戒解雇で対処することも

　問題社員を解雇する場合、通常は普通解雇としますが、懲戒解雇とせざるを得ない悪質な行動を起こす問題社員もいます。ただ、問題社員がどんなにひどい言動をしていたとしても、就業規則や雇用契約書などに懲戒解雇に関する規定が置かれていない場合には、その社員を懲戒解雇にはできません。会社は、就業規則や雇用契約書などに、どのようなケースが懲戒解雇となるかを明示する必要がありますが、その内容は合理的かつ社会通念上の相当性があることが必要です。

　したがって、問題社員を懲戒解雇する場合の流れとしては、懲戒解雇に関する規定があるかどうかを確認し、規定があったときには、その内容が合理的かつ社会通念上の相当性があるかどうかを確認します。合理的かつ社会通念上の相当性があると判断できる場合には、問題社

■ 懲戒処分が可能かどうかの判定 ……………………………………

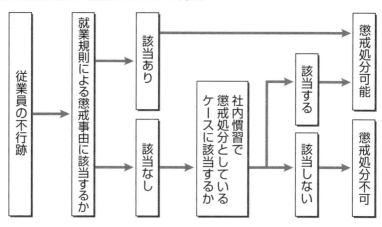

員の状況が就業規則や雇用契約書などに定めた懲戒解雇事由に該当するかどうかを判断します。そして、懲戒解雇事由に該当すると判断できるときに、はじめて問題社員を懲戒解雇とすることができます。

事業縮小などのやむを得ない事情があれば整理解雇も

会社側が社員の雇用を維持できないような事情がある場合に行われる整理解雇の対象となる社員は、労務の提供をおろそかにしているとは限りません。整理解雇を行う場合には、問題社員を解雇する場合よりも厳しい要件をクリアしなければなりません。詳細は109ページ以下で解説していますが、会社が整理解雇を行う場合には、解雇回避努力義務など、解雇に至るまでにできる限りのことを尽くしていることが必要になります。

■ 問題社員の解雇を検討する際の手段と検討事項 ⋯⋯⋯⋯⋯⋯

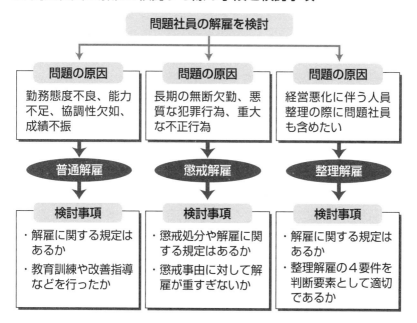

Q 「有給休暇を10日取得した後に退職したい」といって出社しなくなった正社員に、どうすれば引き継ぎに協力してもらうことができるでしょうか。

A 民法627条1項により、正社員（無期雇用契約を結んでいる労働者）から解約申入れをした場合、その日から2週間の経過で退職となります。もっとも、就業規則に「退職する労働者は1か月前までに申し出をすること」といった規定が存在すれば、会社は、その規定に従うことを正社員に主張できます。しかし、民法の規定があることから、正社員から2週間後の退職を強く主張されれば、それを認めざるを得ないでしょう。

　この場合の有給休暇の消化については、労働者側が有給休暇の取得を申し出ても、会社側が「その時季に休まれると困る」と主張し、別の時季に休むように指示ができます（時季変更権）。時季変更権は、会社側の努力が実らず代わりの労働者を充当できなかった場合など、申し出の時季に休まれると業務の正常な運営を妨げる場合に行使できます。したがって、退職を申し出た正社員以外にその担当業務を行える労働者がいない場合は、時季変更権を行使できる状況にあるといえます。

　しかし、会社が時季変更権を行使できるのは退職日までに限られます。その間に有給休暇を取得されると、十分な引き継ぎを行えない可能性があります。そこで、退職日までは出勤して業務の引き継ぎを行ってもらい、消化予定の有給休暇は会社が買い取る方法もあります。

　しかし、正社員が買取りではなく有給休暇の取得を希望する場合は、時季変更権を行使して有給休暇を退職日の直前10日間に変更した上で、それまでに業務の引き継ぎを行うよう説得する方法をとります。正社員がこの方法も拒否しても、就業規則の規定と時季変更権を理由に、会社側は適法な方法を示していると伝えることができます。

第4章

職場の安全衛生・健康管理

1 安全衛生管理をチェックする

事業者は労働者の健康と作業環境の維持に取り組まなければならない

安全衛生管理体制の構築のために管理者を選任する

　労働安全衛生法では、事業場の業種や規模に応じて、安全衛生についての管理者（総括安全衛生管理者、安全管理者、衛生管理者、産業医など）を選任することを義務付けています。管理者の選任を義務付けているのは、各事業場で安全衛生の知識や経験のある者を中心に労働災害を防止し、労働者の健康の保持などに取り組むという安全衛生管理体制を構築するためです。安全衛生管理体制には、一般の会社における安全衛生管理体制と、請負の関係で働く場合（建設業や土木業など）における安全衛生管理体制の2つがあります。

総括安全衛生管理者と役割

　一般の会社の安全衛生管理体制では、一定の業種、規模（労働者数）の事業場について管理責任者の選任と委員会の組織化を求めています。総括安全衛生管理者とは、安全管理者、衛生管理者を指揮し、安全衛生についての業務を統括管理する最高責任者です。工場長などのように、その事業場において、事業の実施を実質的に統括管理する権限と責任をもっている者が選任されます。なお、選任義務のない事業場の場合は、事業主がその責任を負うことになります。

　総括安全衛生管理者を選任しなければならない業種と事業場の規模については153ページの表のとおりです。また、総括安全衛生管理者の具体的な職務内容は、以下に挙げる事項です。

・労働者の危険・健康障害を防止する措置に関する事項
・労働者の安全・衛生のための教育実施に関する事項

・安全衛生に関する方針の表明
・安全衛生計画の作成・実施・評価・改善に関する事項
・健康診断の実施に関する事項と健康の保持・増進のための措置に関する事項
・労働災害が発生した際の原因調査と再発防止対策に関する事項
・化学物質の危険性・有害性の調査とその結果に基づいて行う措置に関する事項
・その他労働災害の防止に必要な措置に関する事項

安全管理者と役割

　安全管理者は、事業場の安全についての事項を実際に管理する専門家です。安全管理者になるには、実務経験が必要になります。製造業や林業、建設業などの一定の業種で常時使用する労働者の数が50人以上の事業場においては、安全管理者を選任しなければなりません。安全管理者には、①労働安全コンサルタント、または、②厚生労働大臣の定める研修を修了した者で、以下のいずれかにあてはまる者が選任されることになっています。
・大学の理科系の課程を修め、卒業後2年以上産業安全の実務を経験した者
・高等学校等の理科系の課程を修め、卒業後4年以上産業安全の実務を経験した者
・その他厚生労働大臣が定める者
　なお、一定の業種と規模の事業場においては、安全管理者を専任で置かなければならないことになっています。
　また、安全管理者の具体的な職務内容は、以下に挙げる事項です。
・建設物、設備、作業場所、作業方法に危険がある場合において応急措置や適当な防止措置を行うこと
・安全装置・保護具その他危険防止のための設備・器具を定期的に点

検すること
・作業の安全についての教育・訓練を実施すること
・災害が発生した場合にその災害原因を調査し対策を検討すること
・消防・避難の訓練を行うこと
・作業主任者（154ページ）その他安全に関する補助者を監督すること
・安全に関する資料を作成・収集し重要事項を記録すること

衛生管理者と役割

　衛生管理者は、事業場の衛生についての事項を実際に管理する専門家で、衛生管理者となるためには資格が必要です。衛生管理者は、他の管理者と異なり、業種を問わず、常時使用する労働者の数が50人以上の事業場において選任が義務付けられています。衛生管理者は、事業場の規模に応じて複数人選任しなければなりません。具体的には、事業場の規模（常時使用している労働者の数）が50 ～ 200人で1人、201 ～ 500人で2人、501 ～ 1,000人で3人、1,001 ～ 2,000人で4人、2,001 ～ 3,000人で5人、3,001人以上で6人の衛生管理者を選任しなければなりません。

　このうち常時使用する労働者の数が1,001人以上の事業場は、どの業種であっても選任した衛生管理者のうちの1人を専任で置く必要があります。坑内労働または一定の有害な業務に501人以上の労働者を常時使用する事業場も、同様に専任の衛生管理者を置く必要があります。衛生管理者の具体的な職務内容は、以下に挙げる事項です。
・作業環境の衛生状態の調査
・衛生上問題のある作業条件・施設の改善
・衛生に関する労働者の教育と健康相談、労働者の健康を維持するのに必要な事項の実施
・健康に問題が生じている労働者の発見と措置
・労働者の負傷・疾病・死亡・欠勤・異動に関する統計資料の作成
・衛生管理者の職務上の記録と保護具・救急用具の整備と点検

安全衛生推進者・衛生推進者

　小規模事業場（常時10人以上50人未満）では、安全管理者や衛生管理者に代わるものとして安全衛生推進者・衛生推進者の選任が義務付けられています。林業、鉱業、建設業などの安全管理者の選任が義務付けられている業種の小規模事業場については、安全衛生推進者を選任します。一方、衛生管理者のみの選任が要求されている業種の小規模事業場については、衛生推進者を選任することになります。

安全委員会と役割

　安全委員会は、労働者の意見を反映させるために設置します。安全委員会は、表（152ページ）に記載した一定人数以上の労働者を雇用している業種の事業場では設置しなければなりません。安全委員会の役割は、安全に関する事項について調査・審議を行った上で、事業主に対して意見を述べることです。労働者に危険が及ぶ可能性の高い作業現場においては、労災の発生を未然に防ぐための対応をはじめ、急速な技術革新に伴って激変する現場環境下で安全に作業するための環境の確保と変化に伴う労働者のストレスの軽減など、求められる役割は多岐にわたります。安全委員会と次項の衛生委員会については、別々に設置することもできますが、両方の機能を備えた組織を安全衛生委員会として設置することもできます。

衛生委員会と役割

　衛生委員会は、労働者の意見を反映させるために設置します。具体的には、衛生に関する事項について調査・審議を行い、事業主に意見を述べます。衛生委員会は、常時使用している労働者が50人以上の事業場においては、業種を問わず必ず設置しなければなりません。

　労働者の高齢化が進んでいる職場では、労働者の健康対策をとったり心身機能の低下による労災発生を予防するために適切な対応をとる

ことが求められています。

　また、労働者が過重労働を強いられている場合には、疲労やストレスなどによって労働者の健康状態に問題が生じる可能性が高いため、職場の環境と労働者の状況を正確に把握して改善するように働きかけていくことも求められています。

▎産業医の設置義務がある場合と労働基準監督署への報告

　産業医は、医師として労働者の健康管理を行います。産業医には、月に1回以上作業場を巡回することが義務付けられています。産業医は作業場における作業方法・衛生状態を確認し、労働者にとって有害であると判断した場合や有害な結果をもたらす恐れがあると判断した場合には、労働者が健康障害を起こさないようにするために必要な措置を講じなければなりません。産業医が労働者の健康管理を効果的に進めるためには、健康診断の実施、健康障害の調査、再発防止のための対策の樹立など、医師の医学的活動が不可欠です。

　そこで、労働安全衛生法では、業種を問わず、常時50人以上の労働者を使用する事業場において産業医を選任し、労働者の健康管理その他の事項を行わせなければならないとしています。

■ 安全委員会を設置しなければならない事業場 ……………………

業　　種	従業員の規模
林業、鉱業、建設業、製造業（木材・木製品製造業、化学工業、鉄鋼業、金属製品製造業、運送用機械器具製造業）、運送業（道路貨物運送業、港湾運送業）、自動車整備業、機械修理業、清掃業	50人以上
上記以外の製造業、上記以外の運送業、電気業、ガス業、熱供給業、水道業、通信業、各種商品卸売業、家具・建具・じゅう器等卸売業、家具・建具・じゅう器小売業、各種商品小売業、燃料小売業、旅館業、ゴルフ場業	100人以上

また、常時使用する労働者が3,001人以上となる事業場では、産業医を2人以上選任しなければなりません。なお、常時使用する労働者が1,000人以上の事業場、または500人以上の常時使用する労働者を一

■ 労働安全衛生法で配置が義務付けられているスタッフ ………

業　種	規模・選任すべき組織（スタッフ）
製造業（物の加工業を含む）、電気業、ガス業、熱供給業、水道業、通信業、各種商品卸売業、家具・建具・什器等卸売業、各種商品小売業、家具・建具・什器小売業、燃料小売業、旅館業、ゴルフ場業、自動車整備業、機械修理業	①常時10人以上50人未満 　安全衛生推進者 ②常時50人以上300人未満 　安全管理者、衛生管理者、産業医 ③常時300人以上 　総括安全衛生管理者、安全管理者、衛生管理者、産業医
林業、鉱業、建設業、運送業、清掃業	①常時10人以上50人未満 　安全衛生推進者 ②常時50人以上100人未満 　安全管理者、衛生管理者、産業医 ③常時100人以上 　総括安全衛生管理者、安全管理者、衛生管理者、産業医
上記以外の業種	①常時10人以上50人未満 　衛生推進者 ②常時50人以上1000人未満 　衛生管理者、産業医 ③常時1000人以上 　総括安全衛生管理者、衛生管理者、産業医
建設業及び造船業であって下請が混在して作業が行われる場合の元方事業者 （元方安全衛生管理者、店社安全衛生管理者は建設業のみ選任義務がある）	①現場の全労働者数が常時50人以上の場合（ずい道等工事、圧気工事、橋梁工事については常時30人以上） 　統括安全衛生責任者、元方安全衛生管理者 ②ずい道等工事、圧気工事、橋梁工事で全労働者数が常時20人以上30人未満、または鉄骨造・鉄骨鉄筋コンクリート造の建設工事で全労働者数が常時20人以上50人未満 　店社安全衛生管理者

定の有害な業務に就かせている事業場に設置する産業医については、その事業場に専属の者を設置する必要があります。

　なお、産業医、総括安全衛生管理者、安全管理者、衛生管理者の選任については、労働基準監督署に報告しなければなりません。選任した際には「総括安全衛生管理者・安全管理者・衛生管理者・産業医専任報告」という報告書（次ページ）を取り寄せて、必要事項を記載した上で労働基準監督署に提出します。

作業主任者について

　高圧室内作業やボイラーの取扱い作業など、特に危険・有害な業務のうち、政令で定めるものについて作業主任者の選任が必要です（労働基準監督署への報告は不要です）。

請負の関係で労働させる場合の安全衛生管理体制

　建設や造船の工事を請け負う元方事業者（元請業者）は、関係請負人（下請業者・孫請業者など）を含めた労働者数が常時50人以上（ずい道等工事、圧気工事、橋梁工事では常時30人以上）の場合、統括安全衛生責任者を選任しなければなりません。その他、必要に応じて、元方事業者は元方安全衛生管理者、店社安全衛生管理者を選任し、関係請負人は安全衛生責任者を選任します（元方事業者が統括安全衛生責任者を選任しなければならない場合に選任義務が発生します）。

　たとえば、施主から建設工事を請け負った元請業者が、仕事の一部を下請業者に出し、さらに下請業者から孫請業者に出すという「重層構造」の請負形態が混在することが少なくありません。こうした下請混在作業では、責任の所在が不明瞭になりがちです。そのため、建設工事などの業種では、一般の会社の安全衛生管理体制とは異なる安全衛生管理体制の構築が求められているのです。

様式第3号（第2条、第4条、第7条、第13条関係）（表面）

総括安全衛生管理者・安全管理者・衛生管理者・産業医選任報告

8 0 4 0 1	労働保険番号　1 3 1 0 5 0 1 2 3 4 5 0 0 0	ページ　総ページ □□／□□

都道府県　所掌　管轄　　　基幹番号　　　枝番号　　被一括事業場番号

事業場の名称	株式会社 東西建設	事業の種類	坑内労働又は有害業務（労働基準法施行規則第18条各号に掲げる業務）に従事する労働者数　　人
事業場の所在地	郵便番号（ 101-0101 ） 東京都中央区中央１－１－１	建設業	坑内労働又は労働基準法施行規則第18条第１号、第３号から第５号まで若しくは第９号に掲げる業務に従事する労働者数　　人

電話番号	0 3 - 2 4 6 8 - 1 3 5 7	労働者数	7 4	計	産業医の場合は、労働安全衛生規則第13条第1項第3号に掲げる業務に従事する労働者数

←左に詰めて記入する　　　　　　　　　　右に詰めて記入する

フリガナ 姓と名の間は1文字空けること	ホ ッ カ イ 　 カ ス゛ オ
被選任者氏名 姓と名の間は1文字空けること	北 海 　 一 男

選任年月日	元号：　元号 7：平成 9：令和 →	年 月 生年月日 9 0 4 0 7 0 1	生年月日 1：明治 2：大正 3：昭和 5：昭和 7：平成 9：令和	元号 年 月 日 5 4 1 0 3 0 9	選任種別 2	1．総括安全衛生管理者 2．安全管理者 3．衛生管理者（4以外の者） 4．衛生管理者（衛生工学管理担当） 5．産業医

1～9月は右詰め 1～9月は右詰め 1～9日は右詰め　　　　　1～9月は右詰め 1～9月は右詰め 1～9日は右詰め

・安全管理者又は衛生管理者の場合は担当すべき職務	安全管理一般に関すること	専属の別 1 1．専属 2．非専属	他の事業場に勤務している場合は、その勤務先
		専任の別 2 1．専任 2．兼職	他の業務を兼職している場合は、その業務　　総務部長

・総括安全衛生管理者又は安全管理者の場合は経歴の概要	○○大学　理工学部卒 令和２年７月１日～令和３年６月30日　施設係長 令和３年７月１日～令和４年６月30日　施設課長 以上の職において、産業安全の実務経験２年以上あり

・産業医の場合は医籍番号等	□ - □□□□□□□□□

種別欄　　医籍番号（右に詰めて記入する）

フリガナ 姓と名の間は1文字空けること	
前任者氏名 姓と名の間は1文字空けること	

辞任、解任等の年月日	元号 7：平成 9：令和 →	年 月 日 □□□□□□	参考事項

1～9月は右詰め 1～9月は右詰め 1～9日は右詰め

令和４年 ７月 10日

事業者職氏名　　　株式会社 東西建設

中央　労働基準監督署長殿　　代表取締役

南 川 次 郎

受付印

2 ストレスチェックについて知っておこう

定期健康診断のメンタル版といえる制度

▌ どんな制度なのか

　近年、仕事や職場に対する強い不安・悩み・ストレスを感じている労働者の割合が高くなりつつあることが問題視されています。

　こうした状況を受けて、「職場におけるストレスチェック（労働者の業務上の心理的負担の程度を把握するための検査)」が義務化されています。ストレスチェックの目的は、労働者自身が、自分にどの程度のストレスが蓄積しているのかを知ることにあります。自分自身が認識していないうちにストレスはたまり、その状態が悪化してしまうと、うつ病などの深刻なメンタルヘルス疾患に繋がってしまいます。そこで、ストレスが高い状態の労働者に対して、場合によっては医師の面接・助言を受けるきっかけを作るなどにより、メンタルヘルス疾患を未然に防止することがストレスチェックの最大の目的です。

　会社が労働者のストレス要因を知り、職場環境を改善することも重要な目的です。職場環境の改善とは、仕事量に合わせた作業スペースの確保、労働者の生活に合わせた勤務形態への改善などが考えられます。また、仕事の役割や責任が明確になっているか、職場での意思決定への参加機会があるかの他、作業のローテーションなども職場環境の改善に含まれます。このような環境改善によって、労働者のストレスを軽減し、メンタルヘルス不調を未然に防止することが大切です。

　ストレスチェックは定期健康診断のメンタル版です。会社側が労働者のストレス状況を把握することと、労働者側が自身のストレス状況を見直すことができる効果があります。

　具体的には、労働者にかかるストレスの状態を把握するため、アン

ケート形式の調査票に対する回答を求めます。調査票の内容は、仕事状況や職場の雰囲気、自身の状態や同僚・上司とのコミュニケーション具合など、さまざまな観点の質問が設けられています。ストレスチェックで使用する具体的な質問内容は、会社が自由に決定することができますが、厚生労働省のホームページから「標準的な調査票」を取得することも可能です。職場におけるストレスの状況は、職場環境に加え個人的な事情や健康など、さまざまな要因によって常に変化します。そのため、ストレスチェックは年に1回以上の定期的な実施が求められています。

┃ どんな会社でもストレスチェックが行われるのか

　ストレスチェックの対象になるのは、労働者が常時50人以上いる事業場です。この要件に該当する場合は、年に1回以上のストレスチェックの実施が求められています。ストレスチェックを義務付けられた事業所のうち、ストレスチェックを義務付けられた事業所のうち、ストレスチェックの受検率は、実際に受検した労働者の割合が8割を超える事業場が77.5%となっています（令和4年3月現在）。

　対象となる労働者は、常時雇用される労働者で、一般健康診断の対

■ ストレスチェックの対象労働者 ……………………………………

事業所規模	雇用形態	実施義務
常時 50人以上	正社員	義務
	非正規雇用者（労働時間が正社員の3/4以上）	義務
	上記以外の非正規雇用者、1年未満の短期雇用者	義務なし
	派遣労働者	派遣元事業者の規模が 50人以上なら義務
常時 50人未満	正社員	努力義務
	非正規雇用者（労働時間が正社員の3/4以上）	努力義務
	上記以外の非正規雇用者、1年未満の短期雇用者	義務なし
	派遣労働者	派遣元事業者の規模が 50人未満なら努力義務

象者と同じです。無期雇用の正社員に加え、1年以上の有期雇用者のうち労働時間が正社員の4分の3以上である者（パートタイム労働者やアルバイトなど）も対象です。派遣労働者の場合は、所属する派遣元で実施されるストレスチェックの対象になります。

なお、健康診断とは異なり、ストレスチェックを受けることは労働者の義務ではありません。つまり、労働者はストレスチェックを強制されず、拒否する権利が認められています。しかし、ストレスチェックはメンタルヘルスの不調者を防ぐための防止措置であるため、会社は拒否をする労働者に対して、ストレスチェックによる効果や重要性について説明した上で、受診を勧めることが可能です。

ただし、あくまでも「勧めることができる」だけであり、ストレスチェックを強制することは許されません。また、ストレスチェックを拒否した労働者に対して、会社側は減給や賞与のカット、懲戒処分などの不利益な取扱いを行ってはいけません。反対に、ストレスチェックによる問題発覚を恐れ、労働者に対してストレスチェックを受けないよう強制することもできません。

ストレスチェック実施時の主な流れ

ストレスチェックは、労働者のストレス状況の把握を目的とするメンタル版の定期健康診断です。ストレスチェック義務化に伴い、会社としては、これまで以上に体系的な労働者のストレス状況への対応が求められることになります。ストレスチェックについては、厚生労働省により、前述の調査票をはじめとしたさまざまな指針などが定められています。特に、労働者が安心してストレスチェックを受けて、ストレス状態を適切に改善していくためには、ストレスという極めて個人的な情報について、適切に保護することが何よりも重要です。

そのため、会社がストレスチェックに関する労働者の秘密を不正に入手することは許されず、ストレスチェック実施者等には法律により

守秘義務が課され、違反した場合には刑罰が科されます。

その具体的な内容については、次のようなものです。

①　会社は医師、保健師その他の厚生労働省令で定める者（以下「医師」という）による心理的負担の程度を把握するための検査（ストレスチェック）を行わなければならない。

②　会社はストレスチェックを受けた労働者に対して、医師からのストレスチェックの結果を通知する。なお、医師は、労働者の同意なしでストレスチェックの結果を会社に提供してはならない。

③　会社はストレスチェックを受けて医師の面接指導を希望する労働者に対して、面接指導を行わなければならない。この場合、会社は当該申し出を理由に労働者に不利益な取扱いをしてはならない。

④　会社は面接指導の結果を記録しておかなければならない。

⑤　会社は面接指導の結果に基づき、労働者の健康を保持するために必要な措置について、医師の意見を聴かなければならない。

⑥　会社は医師の意見を勘案（考慮）し、必要があると認める場合は、就業場所の変更・作業の転換・労働時間の短縮・深夜業の回数の減少などの措置を講ずる他、医師の意見の衛生委員会等への報告その他の適切な措置を講じなければならない。

■ ストレスチェックの流れ ……………………………………………

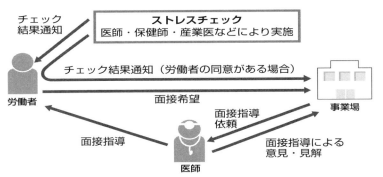

⑦　ストレスチェック、面接指導の従事者は、その実施に関して知った労働者の秘密を漏らしてはならない。

届出や報告などは不要なのか

　常時50人以上の労働者を使用する事業場において、ストレスチェックを１年に１回実施する必要があります。実施時期については指定されていないため、会社の都合で決定することができます。繁忙期や異動が多い時期は避ける傾向にあるようですが、一般的には、定期健康診断と同時に行われているようです。また、頻度についても年に１回と定められているだけで、複数回実施することも可能です。

　ストレスチェックを実施した後は「心理的な負担の程度を把握するための検査結果等報告書」を労働基準監督署長へ提出しなければなりません。検査結果等報告書には、検査の実施者は面接指導の実施医師、検査や面接指導を受けた労働者の数などを記載します。ただし、ここで記載する面接指導を受けた労働者の人数には、ストレスチェック以外で行われた医師の面談の人数は含みません。

　また、提出は事業場ごとに行う必要があるため、事業場が複数ある会社が、本社でまとめて提出するという形をとることは不可能です。

　なお、雇用労働者が常時50人未満の会社の場合は、そもそもストレスチェックの実施が義務付けられていないため、報告書の提出義務はありません。

実施しなくても罰則はないのか

　ストレスチェックを実施しなかった場合の罰則規定は特に設けられていません。ただし、労働基準監督署長へ検査結果等報告書を提出しなかった場合は、罰則規定の対象になります。なお、ストレスチェックを実施しなかった場合においても、労働基準監督署長へ報告書を提出しなければなりません。

書式 心理的な負担の程度を把握するための検査結果等報告書

様式第６号の２(第52条の21関係)(表面)

心理的な負担の程度を把握するための検査結果等報告書

80501	労働保険番号	1 1 1 1 1 1 1 1 1 1 1 1 1 1 1 1 1 1 1 1 1 1 1 1

都道府県　所掌　管轄　　　基幹番号　　　枝番号　　被一括事業場番号

対象年	7:平成 9:令和 →	904 年分	年	検査実施年月	7:平成 9:令和 →	90410	年　月

1～9年は右詰　　　　　　　　　　　　　　　　　　　　　　1～9月は右／1～9月は右

事業の種類	電気機械器具製造業	事業場の名称	GMM株式会社

事業場の所在地	郵便番号(○○○-○○○○) 東京都新宿区○○

電話　○○○ (××××) △△△△

			在籍労働者数	□□□125人

右に詰めて記入する

検査を実施した者	1	1:事業場選任の産業医 2:事業場所属の医師（1以外の医師に限る。）、保健師、歯科医師、看護師、精神保健福祉士又は公認心理師 3:外部委託先の医師、保健師、歯科医師、看護師、精神保健福祉士又は公認心理師	検査を受けた労働者数	□□□113人

右に詰めて記入する

面接指導を実施した医師	1	1:事業場選任の産業医 2:事業場所属の医師（1以外の医師に限る。） 3:外部委託先の医師	面接指導を受けた労働者数	□□□□2人

右に詰めて記入する

集団ごとの分析の実施の有無	1	1:検査結果の集団ごとの分析を行った 2:検査結果の集団ごとの分析を行っていない

産業医	氏名	間　太朗
	所属機関の名称及び所在地	東新宿病院　新宿区東新宿３－５－２

令和5年　2月　1日

GMM株式会社

事業者職氏名　産業　太郎

受付印

新宿　労働基準監督署長殿

折り曲げる場合は、◀の所を谷に折り曲げること

3 セクハラについて知っておこう

セクハラには対価型と環境型がある

どのような分類がなされているのか

職場におけるセクハラ（セクシュアル・ハラスメント）とは、職場における性的な言動により、労働者の就業環境を害することをいいます。

職場におけるセクハラは、①対価型（性的関係の要求を拒否した場合に労働者が不利益を被る場合）、②環境型（就業環境を不快にすることで、労働者の就業に重大な支障が生じる場合）に分類されることが多いといえます。

たとえば、上司が部下に対して性的な関係を要求したものの、拒否されたことを理由に、その部下を解雇する場合や降格させる場合、配置転換する場合などが対価型セクハラの例です。自分自身に対する性的な嫌がらせだけでなく、日常的に他の部下に性的な嫌がらせをする上司に対して、そのような行為をやめるよう抗議したことを理由に、上司が抗議をした部下を解雇または降格とした場合なども、対価型セクハラに含まれます。

これに対し、労働者の身体に対する接触行為や、事務所内でのヌードポスターの掲示といった行為により、労働者の就業に著しい不都合が生じる場合が環境型セクハラの例です。その他、上司が部下に抱きつき苦痛を感じさせることや、女性労働者の胸や腰を触るなどの直接的な身体接触を伴う行為も、環境型セクハラに分類されます。

また、直接的な接触はなくても、労働者に対する性的な経験や外見、身体に関する事柄について発言する場合や、取引相手に対して他の労働者の性的な事項に関する噂を流すことで、その取引に支障を生じさせる場合なども、環境型セクハラにあたります。

注意しなければならない点とは

　ある言動がセクハラにあたるかどうかの判断については、男女の認識の仕方によってもセクハラと感じるかどうかは変わります。そのため、労働者の感じ方を重視しつつも、一定の客観性を保った上で、セクハラにあたるかどうかを判断することが必要です。

　なお、セクハラの場合、男性（加害者）から女性（被害者）に対するセクハラが目立ちますが、女性から男性に対するセクハラや、同性から同性に対するセクハラも存在します。事業主は男性労働者もセクハラ被害を受けないような体制を構築しなければなりません。具体的には、事業主は、社内ホームページ・社内報・就業規則などに、職場におけるセクハラに対する方針や、セクハラにあたる言動を明示して労働者に広く知らせる必要があります。また、セクハラの相談窓口や相談マニュアルも用意しておくことが必要です。

会社にはセクハラ防止義務がある

　会社内でセクハラが行われた場合、セクハラを行った本人が法的責任を負うことは当然です。しかし、セクハラを防止できなかったことを理由に、会社も法的責任を負うことがあります。

　男女雇用機会均等法11条は、職場において行われる性的な言動に対

■ セクハラにあたる行為 ……………………………………………………

①**言葉によるもの**
性的な冗談やからかい、食事・デートへの執拗な誘い、
意図的に性的な噂を流す、性的な体験等を尋ねる

②**視覚によるもの**
ヌードポスターを掲示する、わいせつ図画を配布する

③**行動によるもの**
身体への不必要な接触、性的関係の強要

する労働者の対応により労働者が不利益を受け、労働者の就業環境が害されることのないよう、事業主が必要な体制の整備その他の雇用管理上必要な措置を講じなければならないと定めています。この規定により、会社（事業主）はセクハラを防止する措置を講じる義務を負います。また、厚生労働省が発表している「事業主が職場における性的な言動に起因する問題に関して雇用管理上講ずべき措置についての指針」では、事業主が講ずべきセクハラ対策について措置の内容が紹介されています。

▎会社側はどんな責任を負うのか

セクハラの加害者は、強制わいせつ罪（刑法176条）などの刑事上の責任を負う可能性があります。さらに、民事上の責任として、不法行為（民法709条）に基づき、加害者は被害者が受けた精神的損害などを賠償する責任を負います。この他、セクハラが就業規則に定める懲戒事由に該当する場合、加害者は勤務している会社から懲戒処分を受けることになります。

一方で、セクハラによる被害が明らかになった場合、会社も法的責任を負います。まず、民事上の責任として、会社は使用者責任（民法715条）を負います。使用者責任とは、従業員が職務中の不法行為により他人に損害を与えた場合に、使用者である会社もその従業員とともに損害賠償責任を負うという法的責任です。

また、会社は、従業員との労働契約に基づく付随義務として、従業員が働きやすい労働環境を作る義務を負っています。しかし、セクハラが行われる職場は従業員にとって働きやすい環境とはいえないので、会社が労働契約に基づく付随義務に違反したとして、被害者に対して債務不履行責任（民法415条）を負う可能性があります。

さらに、行政上の責任として、会社は男女雇用機会均等法に基づく措置義務を負っています。会社内でセクハラがあり、厚生労働大臣の

指導を受けたにもかかわらず、それに従わなかった場合には、会社名が公表されます。

■セクハラが訴訟になったとき

　会社側としては、セクハラが訴訟まで発展する可能性があることを知っておかなければなりません。会社側の対応に非があったケースで、加害者本人だけでなく、会社側の使用者責任を認めた裁判例もあります。裁判で争うとなると、高度な法律知識や訴訟対策が必要ですから、会社の顧問弁護士などに相談してみるとよいでしょう。

　典型的なケースであれば、誰でもセクハラであることはわかりますが、これが果たしてセクハラになるかどうかを判断しにくいケースもあります。被害を受けた労働者側は、メモなどの記録を残す（日時、場所、話の内容、周囲の状況など）、友人や家族、信頼のおける上司に相談する、写真や音声を記録する、といった形で、セクハラの証拠を確保していることも多いですから、会社側も、加害者とされる労働者と入念に話し合いを行い、対策を立てなければなりません。

■ 被害者の加害者・会社に対する責任の追及 ‥‥‥‥‥‥‥‥‥‥‥

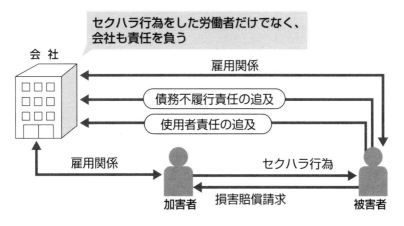

相談を受けたら何をすべきか

　実際にセクハラ被害などについて相談を受けた場合、まずは相談者からの訴えを十分に聞くことが重要です。他人に話が聞こえない場所で、必要に応じて同席者を立てて話すようにするとよいでしょう。その際、途中で「勘違いではないのか」などと相談者の話を疑うような言葉を投げかけたり、「よくある話で大したことはない」と相談者の悩みを否定するようなことをせず、最後まで十分に話をしてもらうようにしてください。不用意な対応をすると、相談者との信頼を裏切ることにもなりかねませんので、慎重に対応すべきでしょう。

　次に、必要になるのが事実確認です。たとえ被害者からの訴えであったとしても、当事者の一方の話を聞くだけで対応を決めることはできません。直接加害者とされている人に話を聞く他、事情を知っていそうな同僚などからも情報を収集します。このとき、プライバシーなどの面を考慮して相談を受けた人が直接対応することも考えられますが、社内にセクハラ対策の窓口などがある場合は、できるだけその担当者に対応をしてもらう方がよいでしょう。そして、客観的な事実を確認した場合、必要に応じて迅速に対応するとともに、同じ問題が起きないよう社内で防止策を講じるようにします。また、相談した被害者のプライバシーが侵害されたり、相談したことを理由に社内で不利益を被ることがないよう配慮しなければなりません。

経営者や管理者の注意すべき点とは

　職場におけるセクハラ対策は事業主の義務です。厚生労働省では「事業主が雇用管理上講ずべき措置」として9つの項目を示し、会社の事情に応じた対策を実施するよう促しています。9項目の内容としては、次ページ図のようなものがあります。

事前予防するには

　セクハラを防止するために必要なことは、「どんな行為がセクハラにあたるのか」「セクハラを誘発する発言や行動にはどんなものがあるか」「セクハラ問題が起こることによってどんな影響があるのか」、ということを周知徹底することです。

① パンフレットの配布やポスターの掲示

　セクハラの具体的な事例を示したパンフレットを配布したり、セクハラを禁ずるとのポスターなどを掲示することによって意識付けをします。これにより、会社がセクハラに対して厳しい態度で臨むという姿勢を示すことができます。パンフレットやポスターには、セクハラが働きにくい職場環境を作る原因になってしまうこと、それにより職

■ 事業主が講ずべきセクハラ対策 ・・・・・・・・・・・・・・・・・・・・・・・・・・・・・・・

> ① セクシュアル・ハラスメントの内容や、セクシュアル・ハラスメントがあってはならない旨の方針を明確化し、周知・啓発すること
> ② 行為者については、厳正に対処する旨の方針や、具体的な懲戒処分などの内容を就業規則等に規定し、周知・啓発すること
> ③ 相談窓口をあらかじめ定めること
> ④ 窓口担当者は、内容や状況に応じ適切に対応できるようにすること。また、広く相談に対応すること
> ⑤ 相談の申し出があった場合、事実関係を迅速かつ正確に確認すること
> ⑥ 事実確認ができた場合は、行為者および被害者に対する措置をそれぞれ適切に行うこと
> ⑦ 再発防止に向けた措置を講ずること
> ⑧ 相談者・行為者等のプライバシーを保護するために必要な措置を講じ、周知すること
> ⑨ 相談したこと、事実関係の確認に協力したこと等を理由として不利益取扱いを行ってはならない旨を定め、周知すること

場のモラルが低下する恐れがあり、通常の業務の遂行に影響を与えかねない重要な問題であることを示す必要があります。

　そして、会社がセクハラに対して毅然とした対応を採ることを端的に示し、セクハラを行った社員（労働者）に対しては、就業規則に照らして厳重な懲戒処分行うことを示すとよいでしょう。あわせて、セクハラの問題が生じた場合に、被害者が相談や苦情を申し立てることができる窓口を記入しておくことも重要です。

② 　研修会の開催

　社員教育の一環として、セクハラ防止の研修会を行います。社員のセクハラに対する認識度を図り、セクハラにあたる言動をしないよう注意喚起する他、セクハラの被害者となった場合の対処方法、セクハラ問題が起こることによって職場に与える影響などを指導します。

③ 　アンケートを実施して社内の状況を把握する

　セクハラの実態を知るためのアンケート調査を実施します。これにより、社員のセクハラに対する認識度を図り、セクハラの自覚のない加害者や、声を出せない被害者の存在を把握し、被害の拡大を防止する効果を期待することができます。

■ セクハラを防止するための対策 ……………………………………

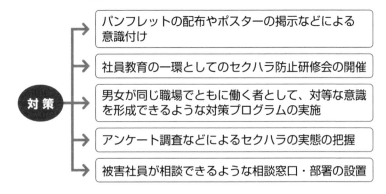

対策
- パンフレットの配布やポスターの掲示などによる意識付け
- 社員教育の一環としてのセクハラ防止研修会の開催
- 男女が同じ職場でともに働く者として、対等な意識を形成できるような対策プログラムの実施
- アンケート調査などによるセクハラの実態の把握
- 被害社員が相談できるような相談窓口・部署の設置

4 マタニティハラスメントについて知っておこう

妊娠や出産に関する差別は禁止されている

マタハラとは何か

　マタニティハラスメント（マタハラ）とは、妊娠・出産・育児休業などに関係するさまざまな嫌がらせのことです。たとえば、採用の際に「妊娠・出産の予定はないか」と質問する、産前産後休業や育児休業を請求するとあからさまに嫌な顔をする、職場復帰の際に勤務を継続できないような遠隔地の部署への異動を言い渡す、「妊娠・出産すると残業や出張ができないから困る」などと言い、遠回しに退職を勧奨するといったことが挙げられます。

　この他、妊娠で体調を崩し短時間勤務や職場変更を求めている女性について、「妊娠は病気ではない」などと言って要求を拒否する、非正規雇用の女性について、妊娠や出産を理由に契約更新をしないといったこともマタハラに該当します。なお、マタハラの性質上、被害者は女性であることがほとんどですが、育児休業の取得などに関して男性が被害者となる場合もあることに注意を要します。

不利益取扱いについての問題

　労働者の妊娠・出産に伴う給料の減額や配転のすべてが、マタハラや不利益取扱いであると評価されるわけではありません。

　会社側が「妊娠したことによって十分に働けないから給与を40％減額する」と一方的に言い渡すケースは、マタハラや不利益取扱いに該当しますが、会社側が妊娠中の労働者の体調を気遣い、業務の量や内容などについて話し合いを持って、合意の上で出勤日数を減らして給料を適切に減額するという措置は、マタハラや不利益取扱いに該当せ

ず、労働者の妊娠・出産に対して理解を示している企業側の姿勢として、むしろ好ましい措置だといえます。たとえば、妊娠中の労働者について、それ以前の業務量と体調の変化などの負担を考慮した結果、妊娠以前よりも業務量を40％減らすことで無理なく業務の継続が可能である旨の合意をしており、それが労働者の自由な意思に基づく合意なのであれば、不利益取扱いとは評価されません。

妊娠を理由とする降格を違法とする最高裁判決

「妊娠をきっかけとする降格は、特段の事情がない限り、男女雇用機会均等法に違反する」と判断した最高裁判決（平成26年10月23日）があります。原告の女性は副主任のポストに就いていましたが、妊娠時に負担の軽い業務への異動を希望したところ、異動と同時に副主任の任を解かれました。そして、育児休業終了後も副主任に戻されなかったため、原告の女性は「妊娠を理由とした降格で均等法違反であ

■ 不利益取扱いが違法とならない場合 ……………………………

違法・無効とならない場合	違法・無効とならないための要件
①業務上の必要性による不利益取扱い	・業務上の必要性からやむを得ないもの（会社の経営悪化など） ・業務上の必要性が不利益取扱いにより受ける影響を上回る特段の事情（労働者の意向に沿った業務負担の軽減などがあれば加味したもの）がある
②合理的・客観的な理由による不利益取扱い	・妊娠や出産などをきっかけとした事由や取扱いにより受ける有利な影響（労働者の意向に沿った業務負担の軽減など）があり、労働者がその取扱いに同意している ・妊娠や出産などをきっかけとした事由や取扱いにより受ける有利な影響がその取扱いにより受ける不利な影響を上回り、一般的な労働者であればその取扱いに同意するような合理的な理由が客観的にある

る」として、勤務先を相手取り損害賠償などを求めて提訴しました。

　最高裁は「降格について女性の明確な同意はなく、事業主側に特段の事情があるとは言い切れない」として判断しました。企業側としては、最高裁判決を重く受けとめ、「どのような働き方を望んでいるか」という点について妊娠・出産をした労働者と話し合い、あわせて職場環境の整備や、男女雇用機会均等法や育児・介護休業法などに準じた労務管理の徹底を進めなければなりません。

どのように予防したらよいのか

　企業は、厚生労働省が示したハラスメントの指針に従って、ハラスメント対策をとることが求められます。もっとも、マタハラは、妊娠・出産という他のハラスメント類型にはない特色があります。具体的な企業側の講じるべき予防措置については、下図のようにまとめることができます。

■ マタハラの予防

企業側のとるべき予防	具体的な内容など
① 企業側の方針の作成と労働者への周知	・マタハラが禁止行為であること明示 ・マタハラの加害者への懲戒処分などの明確化 ・パンフレットや説明会、研修会などにより企業の方針を労働者に周知
② マタハラ相談窓口の設置など	・マタハラ被害に遭った労働者に対する相談窓口の設置（労働者が相談先に迷わないように相談窓口はハラスメント全般を扱うものとする） ・相談窓口の周知
③ マタハラ発生時の適切な対応	・迅速な関係者からの聴き取り調査 ・就業規則などに基づく懲戒処分など
④ マタハラが発生する原因を解消するための措置	・妊娠・出産に伴う業務量の調整や、休業・休暇の取得に関するルールの明確化

5 パワーハラスメントについて知っておこう

会社にはパワハラ防止のための措置義務が課せられている

パワハラの定義

　労働施策総合推進法によると、職場におけるパワーハラスメント（パワハラ）とは、「職場において行われる優越的な関係を背景とした言動であって、業務上必要かつ相当な範囲を超えたものによりその雇用する労働者の就業環境が害される行為」と定義されています。パワハラの定義の詳細については、厚生労働省の「事業主が職場における優越的な関係を背景とした言動に起因する問題に関して雇用管理上講ずべき措置等についての指針」（パワハラ指針）に規定があります。

① 職場での優位性（優越的な関係）について

　職場内の優位性を背景にして相手に苦痛を与えるなどの行為がパワハラにあたります。典型例は上司から部下への言動ですが、年齢や職歴に限らず、同僚間であっても、職場内における人間関係の広さや専門的な知識・技能など、何らかの優位性を背景に相手に苦痛を与える言動をすれば、パワハラにあたります。部下の上司に対する言動がパワハラにあたることもあります。

② 業務の適正な範囲について

　上司の部下への指導や注意のすべてがパワハラにあたるわけではありません。特に管理職の労働者（管理者）は、他の労働者を教育・指導するのが業務であるため、教育・指導をする上で部下の業務遂行について叱責せざるを得ない状況もあるでしょう（作業中の危険行為に対する叱責など）。そのため、適正な業務として行われる教育・指導と、許されない行為であるパワハラとを区別することが重要です。

③ 就業環境が害されること

「就業環境が害される」とは、行為を受けた者が、身体的・精神的損害を受けることで、労働者の就業環境が不快なものとなったため、能力の発揮に重大な悪影響が生じるなど、就業する上で看過できない程度の支障が生じることを意味します。

また、令和2年6月施行の労働施策総合推進法の改正により、事業主に対してパワハラ防止のための雇用管理上の措置が義務付けられました（中小企業も令和4年4月に義務化）。具体的には、パワハラ防止のための事業主方針の策定・周知・啓発、相談・苦情に対する体制の整備、相談があった場合の迅速かつ適切な対応や被害者へのケアおよび再発防止措置の実施などが求められることになります。

具体的なパワハラの類型

職場におけるパワハラの代表的な類型として以下の6つがあり、いずれも優越的な関係を背景に行われたことが前提です。なお、個別の事案において職場におけるパワハラに該当するかどうかを判断するには、その事案におけるさまざまな要素を総合的に考慮することが必要

■ パワハラ防止法とは ………………………………………

パワハラ防止法（労働施策総合推進法の改正）

大企業　　令和2年6月施行
中小企業　令和4年4月施行

パワハラ防止措置が事業主の義務となった

義務①　事業主の方針等の明確化及びその周知・啓発
義務②　相談に応じ、適切に対応するために必要な体制の整備
義務③　職場におけるパワハラについて事後の迅速かつ適切な対応
義務④　相談者・行為者等のプライバシー保護　など

です。一見するとパワハラに該当しないと思われるケースであっても、広く相談に応じる姿勢が求められます。

① **身体的な攻撃**

暴行や傷害が該当します。たとえば殴打、足蹴りを行ったり、物を投げつけたりする行為が考えられます。

② **精神的な攻撃**

相手の性的指向や性自認に関する侮辱的な発言を含め、人格を否定するような言動や、業務上の失敗に関する必要以上に長時間にわたる厳しい叱責、他人の面前における大声での威圧的な叱責などが該当すると考えられます。

③ **人間関係からの切り離し**

自分の意に沿わない相手に対し、仕事を外し、長期間にわたって隔離する、または集団で無視して孤立させることなどが該当すると考えられます。

④ **過大な要求**

業務上明らかに不要なことや遂行不可能なことの強制が該当します。必要な教育を施さないまま新卒採用者に対して到底達成できないレベルの目標を課す、上司の私的な用事を部下に強制的に行わせることなどが該当すると考えられます。

⑤ **過小な要求**

業務上の合理性なく能力・経験・立場とかけ離れた程度の低い仕事を命じることなどが該当します。自ら退職を申し出させるため、管理職に対して雑用のみを行わせることなどが該当すると考えられます。

⑥ **個の侵害**

私的なことに過度に立ち入ることが該当します。合理的な理由なく従業員を職場外でも継続的に監視したり、業務上入手した従業員の性的指向・性自認や病歴、不妊治療等の機微な情報を、本人の了解を得ずに他の従業員に漏洩したりすることが該当すると考えられます。

パワハラに該当する事例

パワー・ハラスメントに該当するかどうかは個別に判断する必要があります。また、パワハラと指導の区別がつきにくいという特徴もあります。

たとえば、労働者の育成のために現状よりも少し高いレベルの業務を与えることはよくあることです。しかし、それを達成できなかった場合に厳しく叱責するなどはパワハラに該当することがあります。

逆に、労働者の能力不足を理由に一定程度の業務内容や業務量の軽減を行うことは、必ずしもパワハラには該当しません。しかし、退職勧奨や嫌がらせが目的であるときはパワハラに該当します。

■ パワハラ指針におけるパワハラ行為の6類型に関する具体例…

① 身体的な攻撃	【具体例】	殴打、足蹴り、物を投げつける
	【非該当例】	誤ってぶつかる
② 精神的な攻撃	【具体例】	人格を否定する言動、長時間の叱責、威圧的な叱責など
	【非該当例】	遅刻などを繰り返す者への一定程度の強い注意など
③ 人間関係からの切り離し	【具体例】	意に沿わない者を仕事から外す、別室に隔離する、集団で無視するなど
	【非該当例】	新規採用者に対する別室での研修の実施など
④ 過大な要求	【具体例】	業務とは無関係の雑用処理の強制など
	【非該当例】	繁忙期に通常より多くの業務処理を任せることなど
⑤ 過小な要求	【具体例】	気に入らない者に仕事を与えないことなど
	【非該当例】	能力に応じた一定程度の業務量の軽減など
⑥ 個の侵害	【具体例】	労働者の社内・社外での継続的な監視、写真撮影など
	【非該当例】	労働者への配慮を目的とする家族の状況などに関するヒアリング

会社としてパワハラ対策を行うことが必要

　パワハラについて会社が何らの対策を講じないとすれば、パワハラの加害者だけでなく、会社も使用者責任や債務不履行責任といった法的責任を問われることがあります。

　また、令和元年（2019年）成立の労働施策総合推進法の改正で、パワハラ防止に向けた雇用管理上の措置義務が会社（事業主）に課せられましたが、この措置義務に違反する会社は、厚生労働大臣の勧告・公表の対象となります。

従業員や管理職への周知徹底・教育研修

　パワハラを防止するために、会社がパワハラに対して毅然とした態度を示すことを明らかにし、その上で従業員に対してどのような教育研修を行うかを検討する必要があります。

　次に、就業規則や従業員の心得の中にパワハラ防止のための項目を作成することが必要です。パワハラの定義、パワハラの具体例、パワハラの加害者にはどのような処分（懲戒処分など）をするか、パワハラの被害者にはどのような措置を講じるかなどを記載します。就業規則の本則にパワハラに関する詳細な規程まで盛り込むと、就業規則が膨大になるので、別途ハラスメント防止規程などを作成し、他のハラスメントを含めて詳細なルールを定めるとよいでしょう。

　就業規則などの文書に記載した後には、従業員に対する研修の実施が必要です。従業員に対する研修は、管理職とその他の一般の社員を分けて行います。従業員を直接指揮監督する管理職に対する研修では、

自分自身がパワハラの加害者になる可能性があることを意識させる内容の研修を行うことが必要です。逆に、一般の従業員に対する研修では、パワハラの被害者となった場合にはどうするか、同僚からパワハラの相談を受けた場合の対応方法などを中心に研修などを行います。

　また、パワハラは、人権問題などとの関連が深いため、パワハラ研修を他分野の研修と同時に行うことが、より効率的・効果的であると厚生労働省などが推奨しています。

■ 社内調査をしっかり行う

　社内で行うパワハラに関する調査には、事前の調査と、パワハラが起きた後に行う事後調査とがあります。

　まず事前調査の方法としては、社内でアンケートなどを行い、職場のパワハラの実態について把握し、予防・解決のための課題を検討します。また、会社の従業員が、現段階でパワハラに対してどのような認識をもっているのかを把握できれば、会社の実態に則した対策を立てることができます。従業員に対する調査では、過去にパワハラがあったか、現在パワハラが行われている場合には、具体的に被害者はどのような被害を受けているのか、パワハラ対策として会社に要望することはあるか、といった項目を挙げて従業員に回答させます。一方、管理職に対する調査では、一般の従業員と比べて、管理職はパワハラを行いやすい立場にあるので、異なる項目の調査が必要になります。

　パワハラ問題で一番難しいのは、事案発生後に行う、事実関係につ

■ 就業規則中のパワハラ防止規程の例 …………………………

第○条（パワー・ハラスメント行為に対する対応）
パワー・ハラスメントについては、服務規律及び懲戒処分の規定の他、「ハラスメント防止規程」により別途定める。

いての事後調査です。相談窓口の担当者、あるいはパワハラ対策委員会などが、被害者と加害者の双方から事情を聴取して事実関係を見極めることが重要です。

調査の担当者は、パワハラの加害者とされた人の言動を、聞き取りから客観的かつ時系列的に整理し、判定する必要があります。

なお、調査を行ってもパワハラの事実関係を確認できず、調査を終わらせることもあり得ます。ただし、その際には、パワハラを受けた被害者とされる相談者に対しては、十分に調査を実施した上で調査を終了させ、会社としての対応を終えることを説明することが大切です。もし、それ以上の調査を相談者が求めてきても、会社としてはそれに応じる必要はありません。その後、相談者が労働局や裁判所などの公的な機関に訴える可能性を会社として想定しておく必要があります。

▌専門家を入れて体制を強化する

弁護士など労働問題の専門家を入れてパワハラ問題に対応することも必要です。専門家は、弁護士でなくても、心理カウンセラーや社労士など労働問題に対する専門的知識をもっている人であれば問題はありません。パワハラ問題に対応する場合には、最初は社内で解決することを考えますが、パワハラに対する知識をもち、カウンセラーの役割ができる人材を社内で確保できるとは限りません。その場合には、外部の専門家を招いてパワハラ問題に取り組むことになります。数多くの労働問題を扱ってきた専門家は、一般的にどのようなパワハラ対策が行われており、どのような対策が効果的かといったノウハウを持っています。

ただし、ここで気をつけなければならないことは、外部の専門家にパワハラ対策を任せきりにしてはいけないということです。それぞれの会社の事情に応じてパワハラの性質は異なっています。そのため、会社の詳しい内部事情を知らない外部の専門家だけで、その会社にあったパワハラ対策を立てることはできません。

7 労災保険について知っておこう

労働者が仕事中にケガをしたときの補償である

仕事中・通勤途中の事故が対象

　労働者災害補償保険（労災保険）は、仕事中または通勤途中に発生した労働者の負傷（ケガ）、疾病（病気）、障害、死亡に対して、迅速で公正な保護をするために必要な保険給付を行うことを主な目的としています。

　一般に、労災保険にいう「業務」とは、傷病等（負傷・疾病・障害・死亡）が業務に起因して発生したのか否かにより判断されています。その際、事業主の管理・支配が及んでいるのかが重要なポイントであり、事業主の管理・支配の下で、業務に従事している中で労働者が直面した危険な行為に基づく傷病等が含まれることはもちろんです。しかし、傷病等が業務から直接発生したもの以外は、すべて労災保険の適用対象外になるわけではありません。一般的に業務が傷病等の有力な原因であると認められれば、労災保険の補償の対象に含まれます。

　労災保険は事業所ごとに適用されるのが原則です。本社の他に支社や工場などがある会社は、本社も支社も、それぞれ独自に労災保険に加入します。ただ、支店などで労働保険の事務処理を行う者がいないなどの一定の理由がある場合には、本社で事務処理を一括して行うこともできます。

　また、労災保険の特徴として挙げられるのが、労働者が負った傷病等について、使用者側に故意や過失が認められない場合にも、補償が認められるという点です。本来は、労災による労働者の傷病等の内容は、個々の労働者ごとに異なり、必要な給付等も個別のケースに応じて異なるはずです。しかし、個々のケースごとに補償を行っていては、

同程度の傷病等を負っているにもかかわらず、補償される金額に差が生じてしまい、不公平を生じて適切な補償が労働者に行き届かない恐れがあるため、補償給付の内容が定率化されていることも、大きな特徴のひとつとして挙げることができます。

1人でも雇うと自動的に労災保険が適用になる

労災保険は労働者を1人でも使用する事業を強制的に適用事業とすることにしています。つまり、労働者を雇用した場合には、自動的に労災保険の適用事業所になります。したがって、届出があってはじめて労災保険が適用されるわけではありません。

適用される労働者と保険料

労災保険の対象については、その事業所で働いているすべての労働者に労災保険が適用されます。労働者とは、正社員であるかどうかにかかわらず、アルバイト、日雇労働者や不法就労外国人であっても、事業主に賃金を支払われているすべての人が対象となります。しかし、代表取締役などの会社の代表者は労働者でなく、使用者であるため、原則として労災保険は適用されません。一方、工場長や部長などが兼務役員である場合は、会社の代表権をもたないことから、労災保険の適用があります。

労働者にあたるかどうかは、①使用従属関係があるかどうか、②会社から賃金（給与や報酬など）の支払いを受けているかどうか、によって判断されます。

労災保険の保険料は、業務の種類ごとに、1000分の2.5 ～ 1000分の88まで定められています。保険料は全額事業主が負担しますので、給与計算事務において、労働者の給与から労災保険料を差し引くことはありません。

▌申請手続き

　労働災害が発生したときには、被災労働者またはその遺族が労災保険給付を請求することになります。労災の保険給付の請求には時効が設けられており、時効が過ぎた後の請求は認められません。原則として、2年以内（障害給付と遺族給付の場合は5年以内）に被災労働者の所属事業場の所在地を管轄する労働基準監督署長に対して請求する必要があります。労働基準監督署は、必要な調査を実施して労災認定した上で給付を行います。

　なお、「療養（補償）給付」については、かかった医療機関が労災保険指定病院等の場合には、「療養の給付請求書」を、医療機関を経由して労働基準監督署長に提出します。その際に療養費を支払う必要はありません。しかし、医療機関が労災保険指定病院等でない場合に

■ 労災保険給付（労災給付）の内容 ……………………………………

目　的	労働基準法の災害補償では十分な補償が行われない場合に国（政府）が管掌する労災保険に加入してもらい使用者の共同負担によって補償がより確実に行われるようにする	
対　象	業務災害と通勤災害	
労災給付の種類（業務災害（通勤災害）による）	療養補償給付(療養給付)	病院に入院・通院した場合の費用
	休業補償給付(休業給付)	療養のために仕事をする事ができず給料をもらえない場合の補償
	障害補償給付(障害給付)	身体に障害がある場合に障害の程度に応じて補償
	遺族補償給付(遺族給付)	労災で死亡した場合に遺族に対して支払われるもの
	葬祭料(葬祭給付)	葬儀を行う人に対して支払われるもの
	傷病補償年金(傷病年金)	療養開始後1年6か月を経過し一定の場合に休業補償給付または休業給付に代えて支給されるもの
	介護補償給付(介護給付)	介護を要する被災労働者に対して支払われるもの
	二次健康診断等給付	二次健康診断や特定保健指導を受ける労働者に支払われるもの

は、いったん医療費を立て替えて支払わなければなりません。その後「療養の費用請求書」を直接、労働基準監督署長に提出し、現金給付してもらうことになります。

　被害者などからの請求を受けて支給または不支給の決定（原処分）をするのは労働基準監督署長です。この原処分に不服がある場合には、都道府県労働局内の労働者災害補償保険審査官に審査請求をすることができます。審査官の決定に不服があるときは、さらに厚生労働省所轄の労働保険審査会に再審査請求ができます。労働保険審査会の裁決にも不服がある場合は、原処分の取消を求めて、裁判所に取消訴訟（行政訴訟）を起こすことになります。

▎労災保険給付の申請

　労災保険法に基づく保険給付等の申請ができるのは、被災労働者本人かその遺族です。ただし、労働者が自ら保険給付の申請その他の手続きを行うことが困難な場合には、事業主が手続きを代行することができるため、実際には会社が手続きを代行して労災申請をするケースが多くあります。

　「会社が不当に労災の証明に協力しない」ような場合には、本人がその旨の事情を記載して労働基準監督署に書類を提出することになるため、会社は労働者の請求に対し誠実に対応する必要があります。また、労災給付を受けるためには、所定の請求書の提出などの手続きをすることが必要です。

▎労災申請されたときの会社側の対応

　労災の療養（補償）給付では、負傷または発病の年月日、負傷または発病の時刻、災害の原因及び発生状況について会社の証明が必要とされています。労働災害であることについて疑いようがないケースであれば、会社としても労災の証明に応じることになるでしょう。しか

し、労災であることがはっきりとはわからない場合には、対応を検討しなければなりません。特に、メンタルヘルス疾患の場合には原因がわかりくいこともあります。

ただし、はっきり労災事故とは思われないからといって、直ちに労災の証明を拒絶するのは、従業員との労働トラブルを引き起こす可能性があるため、避けた方がよいでしょう。逆に、労災事故でない可能性が高い場合にまで安易に労災の証明をしてしまうと、虚偽の証明をしたことを理由に徴収金の納付を命じられることもあります（労災保険法12条の３）。被災した従業員側の考えと異なる部分については、その旨を記載することができるため、会社側としては顧問弁護士や社会保険労務士に相談した上で、記載方法や対応などを検討するのが効果的です。

労災にあたるかどうかについては、提出された書類を基に労働基準監督署が判断することになるため、最終的には労働基準監督署が下した判断に従う流れとなります。

■ 労災認定の申請手続き ···

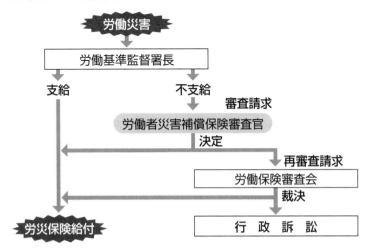

副業・兼業と労災保険

通勤中や業務中の被災など問題点を把握しておく

副業・兼業と労災保険

　労災保険は、正社員・パート・アルバイトなどにかかわらず雇用されているすべての労働者が加入できます。そして、業務中や通勤時に被った負傷、疾病、障害、死亡に対して必要な給付を受けることができます。ただし、本業と副業・兼業のように複数の事業場で働く労働者については次のような問題があり、副業・兼業促進の妨げとなっていました。そこで、労災保険の改正が令和2年9月に行われ、見直しが行われました。

① **複数事業労働者が業務中に被災した場合の給付額**

　これまで、複数事業労働者がA社で10万円、B社で7万円の賃金（平均賃金）を支給されていたケースで、B社で業務災害にあった場合、給付額はB社（災害発生事業場）で得ていた7万円を基に給付基礎日額が計算されていました。

　現在では、A社とB社の賃金の合計額17万円を基に給付基礎日額が算定されることになります。なお、日給や時給の場合には、給付基礎日額の原則の計算方法の他に、賃金が低くなりすぎないように最低保証の賃金額（最低保証平均賃金）を計算することがありますが、合算する場合には、この最低保証平均賃金を原則適用しません。

② **複数事業労働者が通勤中に被災した場合の給付額**

　複数事業労働者が通勤中に被災した場合でも、①と同様、両方の使用者から支払われる賃金の合計を基に保険給付額が算定されます。

③ **複数業務要因による災害**

　脳・心臓疾患や精神障害などの疾病は、複数の事業で働く労働者が

いずれかの事業場の要因で発症したかがわかりにくい労働災害です。これまで、精神障害や脳・心臓疾患の労災認定においては労働時間の通算は行わず、労災認定の基準時間となる160時間や100時間という時間外労働もそれぞれの就業場所ごとで判断することになっていました。つまり、A社とB社で通算して160時間や100時間を超えていたとしても、それぞれの会社で超えていない場合には労災認定がされない可能性がありました。

現在では、A社とB社の時間外労働やストレスなどの業務負荷を総合的に評価して労災認定を行います。このように労災認定された災害を「複数業務要因災害」といいます。

■ 保険料はどのように算定するのか

労災保険料は、保険給付の実績額に基づいて算定されます。たとえば、労災発生が多い事業場は保険料が高く、労災発生が少ない事業場は保険料が低くなります（メリット制）。

法改正によって、非災害発生事業場の分も合算した賃金額をベースに労災給付がなされますが、非災害発生事業場にとっては努力しても

■ 給付額の算定の基となる賃金の考え方 ……………………

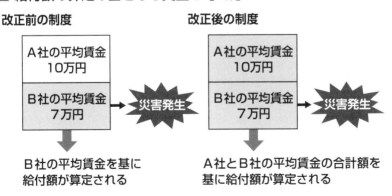

防ぎようのない労災であるため、非災害発生事業場の次年度以降の保険料には反映させないものとしています。

どんな保険給付が設けられるのか

新たに賃金額の合算と業務負荷の総合評価が導入されたことにより、保険給付にも以下の給付が創設されました。
・複数事業労働者休業給付
・複数事業労働者療養給付
・複数事業労働者障害給付
・複数事業労働者遺族給付
・複数事業労働者葬祭給付
・複数事業労働者傷病年金
・複数事業労働者介護給付

どのように申請するのか

複数業務要因災害に関する保険給付が創設されたため、「業務災害用」の様式が、「業務災害用・複数業務要因災害用」の様式に変更されました。業務災害と複数業務要因災害に関する保険給付の申請は同時に行います。複数業務要因災害にあたらない場合は、従来通り、業務災害として労災認定されます。様式の具体的な変更点は、「その他就業先の有無」を記載する欄が新たに設けられたことです。

また、脳・心臓疾患や精神障害などの疾病は、どちらの事業場が原因か判断がつきにくいため、主に負荷があったと感じる事業場の事業主から証明をもらい提出します。様式は、厚生労働省のホームページからダウンロードできます。
https://www.mhlw.go.jp/bunya/roudoukijun/rousaihoken06/03.html

9 過労死について知っておこう

過重業務や異常な出来事による過重負荷の度合いが認定の基準になる

過労死を認定するための基準

　長時間労働や激務などによる疲労が蓄積し、脳血管障害や心臓疾患などの健康障害を起こして死亡することを過労死といいます。過労死が社会問題になったため、平成26年11月からは過労死等防止対策推進法が施行されています。過労死は、激務に就いたことで持病が急激に悪化した場合には、業務が有力な原因であり労災の対象になります。しかし、業務で使用する有害物質を起因とする病気や、職場内の事故による負傷と異なり、業務と発生した傷病との間の因果関係の証明が難しく、必ずしも労災認定されるとは限りません。

　過労死の労災認定については、厚生労働省の行政通達である「血管病変等を著しく増悪させる業務による脳血管疾患及び虚血性心疾患等の認定基準について」（令和３年に従来の認定基準を改定したものです）に従って判断します。この認定基準では、脳・心臓疾患は、長い年月の生活の営みの中で徐々に形成・進行・増悪するといった自然経過を前提としつつ、業務による明らかな過重負担が加わることによって、その自然経過を超えて著しく増悪し、脳・心臓疾患が発症する場合があるとしています。そして、過労死の対象疾病として、脳血管疾患は「脳内出血（脳出血）、くも膜下出血、脳梗塞、高血圧性脳症」を、虚血性心疾患等は「心筋梗塞、狭心症、心停止（心臓性突然死を含む）、重篤な心不全、大動脈解離」を挙げています。

どのような場合に労災として取り扱われるのか

　認定基準では、次の①〜③の業務による明らかな過重負荷を受けた

ことにより発症したと認められる脳・心臓疾患は、業務に起因する疾病として取り扱う（労災として取り扱う）としています。

① **異常な出来事**

発症直前から前日までの間において、発生状態を時間的・場所的に明確にし得る異常な出来事に遭遇した場合です。業務と発症との関連性が強いとする具体例として、以下の場合が挙げられています。

・業務に関連した重大な人身事故や重大事故に直接関与した場合

・事故の発生に伴って著しい身体的、精神的負荷のかかる救助活動や事故処理に携わった場合

・生命の危険を感じさせる事故や対人トラブルを体験した場合

・著しい身体的負荷を伴う消火作業、人力での除雪作業、身体訓練、走行などを行った場合

・著しく暑熱な作業環境下で水分補給が阻害される状態や著しく寒冷な作業環境下での作業、温度差のある場所への頻回な出入りを行った場合

② **短時間の過重業務**

発症に近接した時期（発症前概ね１週間）において、特に過重な業務に就労した場合です。「特に過重な業務に就労した」と認められるか否かは、業務量、業務内容、作業環境などを考慮し、同種労働者にとっても、特に過重な身体的、精神的負荷と認められる業務であるか否かという観点から、客観的・総合的に判断されます。労働時間の長さのみで過重負荷の有無を判断できない場合には、労働時間と労働時間以外の負荷要因を総合的に考慮して判断する必要があります。

③ **長期間の過重業務**

発症前の長期間（発症前概ね６か月間）にわたって、著しい疲労の蓄積をもたらす特に過重な業務に就労した場合です。「著しい疲労の蓄積をもたらす特に過重な業務に就労した」と認められるか否かは、業務量、業務内容、作業環境等を考慮し、同種労働者にとっても、特

に過重な身体的、精神的負荷と認められる業務であるか否かという観点から、客観的・総合的に判断されます。

疲労の蓄積をもたらす最も重要な要因と考えられるのが労働時間です。認定基準では、発症前1か月間から6か月間にわたって、1か月あたり概ね45時間を超えて時間外労働が長くなるほど、業務と発症との関連性が徐々に強まるとしています。そして、発症前1か月間に概ね100時間、または発症前2か月間から6か月間間にわたって、1か月あたり概ね80時間を超える時間外労働が認められる場合は、業務と発症との関連性が強いと評価されます。

なお、現在の認定基準では、上記の概ね100時間・概ね80時間には至らないが、これに近い労働時間と時間外労働が認められる場合には、労働時間以外の負荷要因を総合評価して、業務と発症との関連性を評価することを明確化しています。

■ 長時間・短時間の過重業務の労働時間以外の負荷要因 ………

労働時間以外の負荷要因	具体例
勤務時間の不規則性	・拘束時間の長い勤務 ・休日のない連続勤務 ・勤務間インターバルが短い勤務 ・不規則な勤務、交替制勤務、深夜勤務
事業場外における 移動を伴う業務	・出張の多い業務 ・その他事業場外における移動を伴う業務
心理的負荷を伴う業務	・日常的に心理的負荷を伴う業務（別表1） ・心理的負荷を伴う具体的出来事（別表2）
身体的負荷を伴う業務	・重量物の運搬作業 ・人力での掘削作業
作業環境 （長期間の過重業務では 　付加的に評価）	・温度環境 ・騒音

10 精神疾患等の労災認定

３つの判断基準を満たす場合に労災認定がなされる

精神疾患にも認定基準がある

　精神疾患は心理的負荷が業務に起因する場合に労災認定されますが、同じ心理的負荷を与えられても、労働者個々のストレス耐性の差により、疾病が発生するかしないかが変わってきます。また、労災保険では労働者の故意による災害を給付対象としていないため、原則的に「自殺」は適用対象外とされています。一方、「過労自殺」については、精神疾患によって正常な判断ができず自殺に至った場合には、業務起因性を認めて適用対象とするとされています。そのため、精神疾患が業務に起因するかどうかを判断する必要があります。

　厚生労働省は、その判断をするための基準として「心理的負荷による精神障害の認定基準」を作成しています。認定基準では、労働者に発病する精神障害は、業務による心理的負荷、業務以外の心理的負荷、各々の労働者ごとの個人的要因、という３つが関係して起こることを前提とした上で、次の①～③のすべての要件を満たす精神障害を労災認定の対象である業務上の疾病として扱うとしています。

① 　**対象疾病を発病していること**

　判断指針における「対象疾病に該当する精神障害」は、原則として国際疾病分類第10回修正版（ICD-10）第Ⅴ章「精神および行動の障害」に分類される精神障害とされています。

② 　**対象疾病の発病前概ね６か月の間に、業務による強い心理的負荷が認められること**

　業務による心理的負荷の強度の判断にあたっては、精神障害発病前６か月程度の間に、対象疾病の発病に関与したと考えられる業務によ

るどのような出来事があり、また、その後の状況がどのようなもので
あったのかを具体的に把握し、それらによる心理的負荷の強度はどの
程度であるかについて、認定基準の「業務による心理的負荷評価表」
を指標として「強」「中」「弱」の3段階に区分します。

　具体的には次のように判断し、総合評価が「強」と判断される場合
には、②の認定要件を満たすものと判断されることになります。

・「特別な出来事」に該当する出来事がある場合

　発病前6か月程度の間に、「業務による心理的負荷評価表」の「特
別な出来事」に該当する業務による出来事が認められた場合には、心
理的負荷の総合評価が「強」と判断されます。

　「特別な出来事」に該当する出来事がない場合は、どの「具体的出
来事」に近いかの判断、事実関係が合致する強度、個々の事案ごとの
評価、といった方法により心理的負荷の総合評価を行い、「強」「中」
または「弱」の評価をします。

・出来事が複数ある場合の全体評価

　対象疾病の発病に関与する業務による出来事が複数ある場合、それ

■ 心理的負荷の強度についての強・中・弱の区分 ･････････････

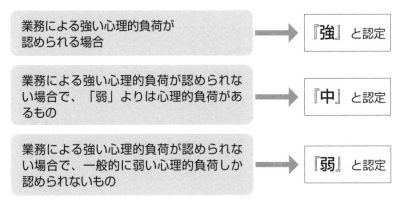

業務による強い心理的負荷が
認められる場合　→　『強』と認定

業務による強い心理的負荷が認められな
い場合で、「弱」よりは心理的負荷があ
るもの　→　『中』と認定

業務による強い心理的負荷が認められな
い場合で、一般的に弱い心理的負荷しか
認められないもの　→　『弱』と認定

ぞれの出来事の関連性などを考慮して、心理的負荷の程度を全体的に評価します。

・時間外労働時間数の評価

　長時間労働については、たとえば、発病日から起算した直前の1か月間に概ね160時間を超える時間外労働を行った場合などは、当該極度の長時間労働に従事したことのみで、心理的負荷の総合評価が「強」とされます。

③　**業務以外の心理的負荷および個体側要因により対象疾病を発病したとは認められないこと**

　「業務以外の心理的負荷」が認められるかどうかは、「業務以外の心理的負荷評価表」を用いて検討していきます。評価の対象となる出来事としては、次のようなものが挙げられています。

・自分の出来事

　離婚または自分が重い病気をした場合など

・自分以外の家族や親族の出来事

　配偶者や子供、親または兄弟が死亡した、配偶者や子供が重い病気やケガをした場合など

・金銭関係で多額の損失をした場合

・事件、事故、災害の体験

　つまり、②の評価において、業務による強い心理的負荷が認められたとしても、業務以外の心理的負荷や個体側要因（既往歴やアルコール依存など）が認められる場合には、どの要因が最も強く精神障害の発症に影響したかを検討した上で最終的な評価が出されるということです。

第 5 章

労働基準監督署の調査

どんな調査が行われるのか

関連法律違反がないかどうかを調べる

どんなことを調査するのか

　労働基準監督署は、会社が労働基準法などの法律に基づいて、労働者の労働条件を確保しているかどうか、違反がある場合には改善の指導を行う労働基準行政の機関です。また、安全衛生に関する指導や労災保険の給付を行うのも労働基準監督署です。労働基準監督署の調査は、会社が法令違反をしていないかどうかを調査するために行われますが、その対象となる主な法律は労働基準法や労働安全衛生法です。具体的な調査内容は、労働基準法に関するものとしては、労働時間に関するものの他に、割増賃金に関するもの、労働条件の明示の有無や就業規則・賃金台帳（給与台帳ともいいます）に関する事項などがあります。

　また、安全基準や安全衛生規則に関することや健康診断などの労働安全衛生法に関する調査も行われます。

　労働基準監督署が事業所に対して行う調査の目的は、労働基準法をはじめとする労働関係の法律の規定に違反するところがないかどうかを確認するということです。労働基準監督署が調査を行う対象は、労働基準法違反の有無ですが、中でも労働時間に関する調査は非常に多く行われています。特に、労働時間の適正化については、重点的に調査が行われています。具体的には、たとえば次のような点について、就業規則や三六協定、賃金台帳、出勤簿・タイムカードといった書類を確認したり、事業所に勤務する労働者や関係者に対する聞き取りを実施するといったことが行われます。

・**労働基準法や三六協定に違反する長時間労働が行われていないか**

　労働基準法では、「休憩時間を除き、週40時間、１日８時間を超え

て労働させてはならない」と規定しています（32条）が、労働組合等と協定をした場合は、その内容に基づいて労働時間の延長や休日出勤をさせることなどが認められています（36条）。この協定を三六協定といいます。調査では、タイムカードや出勤簿などの記録の他、場合によってはパソコンのメール送信時間やビルの鍵受け渡し簿、労働者や取引先など関係者への聞き取り調査を行うなどして労働時間の実態を把握し、法律や協定に違反していないかを確認します。

　現在、労働時間の延長は1か月45時間、年間360時間が限度時間とされています（平成10年労働省告示第154号）。また、突発的又は一時的な業務の発生といった特別の事情があるときに、限度時間を超える労働時間の延長を認める「特別条項付き三六協定」に延長の上限がないことが問題となっていましたが、平成31年（2019年）の労働基準法の改正により、限度時間を超える労働時間の延長の上限を明確に定めました。具体的には、時間外労働と休日労働の合計は月100時間未満（時間外労働のみでは年720時間以内）であること、時間外労働が1月あたり45時間を超えることができるのは1年あたり6か月が限度であることなどが定められています。

・**長時間労働に見合う残業代が支払われているか**

　労働時間を延長したり、休日出勤させた場合、割増賃金を支払わなければなりません（労基法37条）。調査では、賃金台帳や給与明細の控えなどから残業代の支払い実態を把握し、適正な支払いが行われているかどうかを確認します。

・**就業規則の内容は適正か、労働者がいつでも見ることができるか**

　常時10人以上の労働者を使用する事業所には、就業規則の作成及び所轄の労働基準監督署への届出が義務付けられています（労基法89条）。また、作成した就業規則は労働者に配布したり、いつでも見られる場所に配置するなどしておく必要があります（労基法106条）。

　調査では、就業規則の内容はもちろん、一方的な変更が行われてい

ないか、労働者への周知状況はどうかといったことも確認されます。

・定期的な健康診断が行われているか

　労働安全衛生法では、常時使用する労働者について、雇入れ時及び1年以内ごとに（毎年同じ時期に）1回の健康診断を実施するよう義務付けています（66条、労働安全衛生規則44条）。また、健康診断結果について記録・保管することも必要です。調査ではこの記録などをもとに、健康診断が適正に行われているかどうかを確認します。

┃ 調査や指導にはどんなものがあるのか

　労働基準監督署が行う調査の手法には、「呼び出し調査」と「臨検監督」の2つがあります。

　呼び出し調査とは、事業所の代表者を労働基準監督署に呼び出して行う調査です。事業主宛に日時と場所を指定した通知書が送付されると、事業主は労働者名簿や就業規則、出勤簿、賃金台帳、健康診断結果票など指定された資料を持参の上、調査を受けることになります。

　臨検監督とは、労働基準監督署が事業所へ出向いて立入調査を行うことで、事前に調査日時を記した通知が送付されることもあれば、長時間労働の実態を把握するために、夜間に突然訪れることもあります。

　また、調査が行われる理由の主なものとしては、「定期監督」と「申告監督」があります。定期監督とは、調査を行う労働基準監督署が管内の事業所の状況を検討した上で、対象となる事業所を選定して定期的に実施する調査です。事業所の選定は任意無作為とされていますが、その年によって重点的に調査する業種が決まっていたり、労災が頻発している事業所を抽出するなど、ある一定の条件に沿って選定されることも多いようです。実施される事業所には持参品や日時が記載された通知文が送られてきます。

　これらの調査の結果、労働基準法などに違反している点が発見された場合、まずその点を改善するよう、是正勧告書（211ページ）とい

う書面によって指導がなされます。

　是正勧告書には、労働基準法などの第何条に違反しているか、どのような点に違反があるのかなどについての詳細が記されるとともに、是正期日を示して期日までに改善内容を報告するよう求める旨が記載されています。事業主はその内容に基づいて、改善に向けた具体的な方策を検討する必要があります。

　ただ、この是正勧告書には法的強制力はありません。つまり、勧告

■ 労働基準監督署の役割と調査の対象 ………………………………

労働基準監督署の役割

・労働基準法などの法律に基づいて行動する
・労働者の労働条件について法律に基づいてチェックする
・違反がある場合には改善の指導などを行う
・安全衛生に関する指導を行う
・労災保険の給付を行う　など

労働基準監督署の調査

会社が法令違反をしていないかどうかをチェックする対象となる法律
　労働基準法・労働安全衛生法・最低賃金法など

```
調査内容
　労働基準法に関するもの
　・労働時間に関するもの
　・割増賃金に関するもの
　・労働条件の明示の有無
　・就業規則・賃金台帳に関する事項　など
　労働安全衛生法に関するもの
　・安全基準や安全衛生規則に関すること
　・健康診断に関すること　など
```

労働基準監督署の調査対象とならないもの

民事紛争に関する内容
　・労働基準法に則って行われた労働者の解雇
　・労働基準法に則って行われた賃金や賞与のカット

書に従って改善や報告をしなかった場合でも、そのことで罰則が科せられるといったことはないわけです。だからといって是正勧告に従わずにいると、「再監督」が行われる可能性があります。

再監督とは、是正勧告書の期日までに報告書が提出されなかったり、改善の意思が見られないといった事業所に対し、改めて調査を行うことをいいます。再調査の対象になれば、労働基準監督署側は悪質な事業所であるとの認識を持ちますから、調査のやり方も最初のときより厳しくなります。さらに、再監督の結果、法律違反が認められれば逮捕・書類送検されるといったことにもなりかねませんので、是正勧告には速やかに応じる方がよいでしょう。

この他、大規模な労働災害が起こったり、短期間に何度も労働災害が起こっている場合には、災害の原因や状況について調査することがあります。これを「災害時監督」といいます。

▎申告監督とは

労働基準法などの違反によって、一番被害を受けるのは労働者です。労働組合が組織されている会社などでは、団体交渉を行ったりストライキをするなどして事業主側と戦うこともできますが、労働組合のない中小企業などで一労働者が事業主に改善を要求することは難しいのが実情です。このようなときの相談窓口となるのが労働基準監督署です。労働基準法や労働安全衛生法などでは、事業所に法律違反の事実がある場合、労働者は行政官庁（労働基準監督署など）に申告することができると規定しています（労基法104条1項など）。

労働基準監督署は、労働者から「不当な理由で解雇された」「時間外労働をしても賃金が支払われない」といった申告（労働基準法違反申告書、205ページ）があると、必要性を判断した上で、その内容が事実であるかどうかを確認するための呼び出し調査や、事業所への臨検を行うといった対応を行います。これが申告監督です。近年、労働

者からの申告が増加していることから、申告監督の実施数も増加傾向にあります。労働者からの申告があったからといって、すべての事案について申告監督が行われるわけではありませんが、事業主としては、法律違反の実態があれば労働者が申告を行い、申告監督が実施される可能性がある、ということは知っておいた方がよいでしょう。

なお、申告監督の場合、事前に実施日程などについての通知が送られることもありますが、突然調査に訪れたり、定期監督として調査に行くといったことも多いようです。これは、申告があった以上、法律違反をしている悪質な事業所である可能性が高く、証拠隠しをしたり、申告した労働者に対し、非難や嫌がらせをするといったことが起こる可能性が高いと懸念してのことです。

┃ あらゆる点が調査される

労働者から労働基準監督署に対して申告を行う場合、口頭で申告することもありますが、通常はどの法律についてどのような状況で違反があったかということが詳細にわかるような書面を提出することが多いようです。特に証拠資料が添付されていたり、事業所の実態などが詳細に指摘されている場合には、その内容が事実であるかどうかの裏付けがとれるよう、かなり厳しい調査が行われることになります。

ただ、申告監督であっても、申告内容だけが調査されるということはまずありません。定期監督と同様、あらゆる点について法律違反がないか、調査が行われます。たとえば申告内容が「サービス残業をさせられている」ということだけであったとしても、労働安全衛生法に基づく健康診断が実施されているかどうかといった調査も同時に行われるということです。これは、一つの法律違反がある事業所は、複数の法律違反をしている可能性が高いとみなされるためです。

したがって、申告監督の際にも、指示に応じて就業規則や三六協定、タイムカード、出退勤簿、賃金台帳、定期健康診断結果票などの関係

資料を準備し、提示することになります。

是正報告書とは

　労働基準監督署からの調査を受け、法律違反を指摘されて是正勧告を受けた場合、事業主は速やかに改善をすることが求められます。

　どのように改善するかについては、各事業所の事情に応じて決めていくことになります。たとえば三六協定がないにもかかわらず、長時間労働をさせていたという場合、長時間労働をさせないようにすればよいわけですが、業務の都合上、どうしても働いてもらわざるを得ないということもあります。そのような場合には、事業主と労働者の間で話し合いをして、新たに三六協定を締結するという方法を選択することもできます。つまり、結果的に法令を遵守すれば問題はないわけです。

　このように、法令違反事項について改善内容を決め、労働基準監督署に報告する必要があります。報告の方法などは特に決められていませんが、通常は是正（改善）報告書（211ページ）などの書面を作成して提出します。報告書には、是正勧告書で指摘された違反事項ごとに是正内容と是正年月日を記載し、必要に応じて事業所の写真や三六協定の書面など是正内容が具体的にわかる資料を添付します。

　なお、実際には未払いの残業代を支払っていないのに、支払ったと報告したり、労働者側と合意できていないにもかかわらず三六協定の協定書を添付するなど、虚偽の報告書を提出するようなことは絶対に避けるようにしましょう。報告書を提出した時点では虚偽であるとわからなくても、労働者が再度申告するなどして、後に発覚することがあります。このような場合には、労働基準監督官から悪質な事業者であると判断され、逮捕や書類送検をされる可能性があります。

是正勧告は増加傾向にある

　是正勧告は、労働基準法などの法律に違反していることを示すもの

ですから、悪質な事業者による特殊な事例のように思われがちですが、そうとは限りません。しかも、就業規則などが整備されていない中小企業だけでなく、株式市場に上場している大企業でも是正勧告を受けているのが実情です。

　違反内容として多いのは、1日8時間、週40時間を原則とする労働時間を不当にオーバーする過重労働、時間外労働・深夜労働や、休日出勤に対する割増賃金の未払い、健康診断の不実施に関する事項です。

　また、派遣労働者との契約を一方的に打ち切る「派遣切り」や、契約上は業務請負や業務委託などの形式をとっているものの、業務の実態は雇用であるといういわゆる「偽装請負」に関するケースもあるようです。偽装請負を行う企業には次のような事情があるといわれています。

・事業主にとって大きな負担となる人件費を抑えるため、本来必要な労働者までリストラし、その分の仕事を残った従業員に負担させることによって長時間労働が常態化した。

・仕事の単価が下がっているため、長時間労働させても割増賃金を払えない。

・必要なときだけ労働力を使え、社会保険などの経費がかからない派遣をうまく利用してコストを削減したい。

　事業主にしてみれば、経営を持続させるため、やむなくこのような形をとっているわけですが、事情はどうあれ法律違反であることには変わりなく、労基署からの調査を受ければ是正勧告が出てしまうということになるわけです。

▌悪質な場合とは

　労働基準法などに違反している場合、労働基準監督官は事業主を逮捕したり、書類送検するといったことができる権限を持っているわけですが、一度の調査で法律違反が発覚したからといって、すぐに逮捕・書類送検ということになるかというと、そんなことはありません。

通常は是正勧告を行い、状況が改善されればそれでよいという形で対処されます。労働基準監督署の目的は、あくまで労働者の働く環境をよくすることであり、事業主や事業所に罰を下したり、経営できなくなるような状況に追い込むことではないからです。

　ただし、何度も是正勧告をしているにもかかわらず是正報告を出さなかったり、出頭命令に応じない、是正したように装って虚偽の報告を出すなど、「重大」「悪質」な違反があると認められる場合には、労働基準監督署は書類送検などを行います。近年、書類送検された事例などをいくつか紹介します。

① 　労働者に違法な時間外労働を行わせた上、労働基準監督官に虚偽の報告をしたため送検されたケース

　時間外労働を行わせる場合、労働組合または労働者の代表と時間外労働協定（三六協定）を締結し、労働基準監督署に届け出なければならないが、代表ではない労働者と協定を締結し、労働者に時間外労働を行わせていた。また、労働基準監督官の臨検を受けた際、虚偽の内容を記載した運転日報などを提示していた。

② 　是正勧告後も三六協定を超える時間外労働を労働者に行わせていた結果、新入社員が過労自殺をしたため臨検監督を受けたケース

　社員に対して三六協定を超える時間外労働をさせているとして労働基準監督署から是正勧告（200ページ）を複数回受けていたが、その後も労働時間の改善は見られず、長時間労働を強いられていた女性新入社員が過労自殺をした。自殺直前の時間外労働は1か月当たり100時間を超えていたという。過去にも慢性的な長時間労働が原因となって過労自殺した社員が複数人いるなど、三六協定を超える長時間労働が会社全体で常態化している疑いが高いと判断され、会社の本社や支社だけでなく、その子会社に対しても臨検監督（196ページ）が実施されるという異例の措置がなされた。

③ 　割増賃金などを支払わなかったため是正勧告したが、支払わな

かったため送検されたケース

　数年前からサービス残業をさせていたため、労働基準監督署が是正勧告していたが、タイムカードを改ざんして改善したように見せかける報告をしていたことが判明した。その間、支払うべき割増賃金も支払っていなかった。

④　割増賃金の不払いを隠ぺいすることに加担した社会保険労務士が送検されたケース

　三六協定を締結しないままパートに長時間労働させ、過労死を発生させた事業所の顧問をしていた社会保険労務士が、臨検などの際に割増賃金の不払いを隠ぺいすることを目的として関係書類の一部を提出しなかったことが判明した。

⑤　事業主側は時間外賃金を支払っていると主張したが認められず、送検されたケース

　労働者側から時間外労働の割増賃金を支払っていないことが申告されたが、事業主側は「月額4万円程度の職能手当が時間外賃金の性格を持つ」と主張。労働局はその分を差し引いても不足すると判断した。

■ 労働基準監督署が行う調査・指導の流れ ……………………………

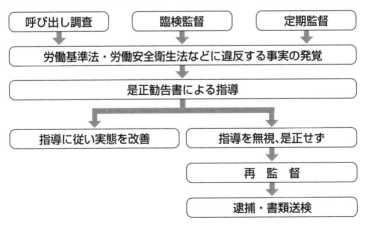

株式会社東西商事　　　　　　　　　　　　　令和4年10月1日
事業主　殿

　　　　　　　　　　　　　中央労働基準監督署長　安全　一郎　㊞

　　　　　　　　　労働条件に関する調査について

　　拝啓　仲秋の候　貴社ますますご清栄のこととお慶び申し上げます。
さて、私ども中央労働基準監督署は、労働時間、休日出勤の状況、及び時間外労働
に対する割増賃金の支払等、貴社の雇用管理についての調査を行いたいと考えてお
ります。お忙しい中、お手数おかけして申し訳ございませんが、下記の事項にした
がいご来署いただけますようよろしくお願い申し上げます。　　　　　　　　敬具

　　　　　　　　　　　　　　　記

1　日時　令和4年10月26日　13時30分（所要時間約1時間）
2　場所　中央区○○×－×－×　合同庁舎3階
　　　　　　　中央労働基準監督署　会議室
3　持参していただくもの
　（1）労働者名簿
　（2）就業規則
　（3）タイムカードまたは出退勤時刻の確認できるもの
　（4）賃金台帳（令和4年7月分～9月分）
　（5）時間外・休日労働に関する協定届
　（6）年次有給休暇管理簿
　（7）定期健康診断結果個人票
　（8）労働条件通知書
　（9）その他、労務管理上の記録となるもの
　（10）本状及び来所者の認印
4　調査内容の概要
　労働基準法、労働安全衛生法、最低賃金法に基づき、上記資料を調査します。
5　やむを得ない事情で上記の日時に来署できない場合、また、持参資料その他の事
項について不明な点がございましたら、当署宛（TEL 03－○○○○－○○○○）に
ご連絡ください。

　　　　　　　　　　　　　　　　　　　　　　　　　　　　　　　以上

労働基準法違反申告書

令和 4 年12月 2 日

中央労働基準監督署長　殿

労働基準法第104条第 1 項に基づき、次の通り申告します。

申告者
　　　　住所　〒000 - 0000　大田区××○-○-○
　　　　氏名　鈴木　正義　　　　㊞
　　　　電話番号　03 -○○○○-○○○○

違反者
　　　　住所　〒000 - 0000　中央区××○-○-○
　　　　名称　　株式会社東西商事
　　　　代表者　代表取締役　南川　次郎
　　　　業種　小売業
　　　　電話番号　03 -○○○○-○○○○

申告者と違反者の関係
　　　　入社　　　　　　令和 3 年 4 月 1 日
　　　　職務・職位　　　パートタイマー

労働基準法違反の事実
労働基準法第39条第 2 項、第 3 項

違反内容
令和 3 年 4 月に入社以来、週 5 日、 1 日 7 時間勤務をしています。これまで一度
もパートタイマーには年次有給休暇の取得を認めてもらえません。
令和 4 年 9 月30日で、勤続 1 年 6 か月になりますので、労働基準法の定めでは、
令和 3 年10月に10日、令和 4 年10月に11日の年次有給休暇が付与されているはず
です。しかし年次有給休暇の取得を申請しても、上司よりパートタイマーには年
次有給休暇を認めていないということでした。

求める内容
上記違反の事実調査と違反に対する必要な権限行使をお願い申し上げます。

添付資料
就業規則、タイムカード、給与明細書、上司との対話記録、各写し

備考
申告の事実があったことは会社には知らせないでください。

株式会社東西商事　　　　　　　　　　　　　　令和5年1月7日
代表取締役　南川　次郎　殿

　　　　　　　　　　　　　　中央労働基準監督署長　安全　一郎　㊞

　　　　　　　　　　　　　出　頭　通　知　書

　下記の要件につきお尋ねしたいことがありますので、指定する日時・場所に出頭されるよう労働基準法第104条の2により通知いたします。

　　　　　　　　　　　　　　　　　記

1　要件　　　パートタイマー労働者に対する年次有給休暇の付与について
2　日時　　　令和5年1月24日　午後1時30分
3　場所　　　中央区××〇-〇-〇　合同庁舎3階
　　　　　　　中央労働基準監督署　会議室
　　　　　　　電話番号　03-〇〇〇〇-〇〇〇〇
4　担当官　　調査　太郎　労働基準監督官
5　所要時間　約1時間
6　携行品　　本状、印鑑、就業規則（パートタイマーに適用されるもの）、賃金台帳、タイムカードまたは出退勤時刻の確認できるもの、その他、労務管理上の記録となるもの

　（注）　諸事情により、やむを得ない理由で出頭できない場合、事前に担当官までご連絡いただけますようよろしくお願い申し上げます。

　　　　　　　　　　　　　　　　　　　　　　　　　　　　　以上

2 申告監督について知っておこう

会社が労働基準法に違反していることを労働者が労基署に相談すること

申告行為とは

　労働者が、会社に対して調査や指導などを行うように労働基準監督署に働きかけることを申告といいます。

　申告は、会社が残業代を支払わない場合や未払い賃金がある場合、長時間の残業を行っているような場合の他、不当解雇がなされた場合やその恐れがある場合に、よく行われているようです。

　賃金や残業時間などについて労働基準法違反と思われるようなケースが多く、最近は申告の件数も急増しています。

どのような流れで申告が行われるのか

　サービス残業を強いられている場合や残業時間が長時間に及ぶ場合など、会社側が労働基準法に違反していると思われる状況にある労働者は、会社に改善を求めるために労働基準監督署に相談します。中には電話で「会社が違法行為を行っている」と伝える労働者もいますが、最終的には事実確認などをする必要がありますから、実際に労働基準監督署に訪れることになります。

　労働基準監督署に労働者が相談しに行くと、原則として労働基準監督官が対応します。そこで、労働者が会社に改善してほしい内容や実態などについて説明することになります。その際、事前に証拠を準備して持参する労働者もいます。

　労働者から話を聞いた担当者は、労働者とのやりとりから行政指導の必要があるかどうかを判断します。

どのように申告監督をするのか

　労働者から相談を受けた労働基準監督署が調査の必要があると判断した場合には、会社に対して申告監督を行います。

　申告監督は、労働基準監督官が行う臨検の一種です。臨検には、定期監督、申告監督、再監督があります。

　このうち、定期監督は、当該年度の行政方針に基づいて立てられた計画に基づいて行われる監督です。また、申告監督とは、労働者の申告を受けて対象となる会社に対して行う監督です。そして、定期監督や申告監督時の是正内容がきちんと行われたかどうかを確認するのが再監督です。

　申告監督の時には、申告内容に沿った事項について、重点的に調査を行いますが、それだけではなく、通常の定期監督の内容についても行います。そこで、違反の事実があると是正勧告がなされます。

■ **申告監督のしくみ** ……………………………………………………

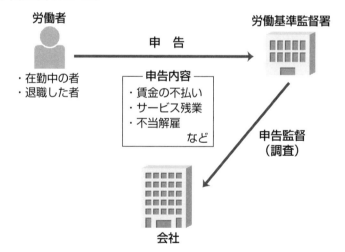

3 是正勧告のしくみについて知っておこう

法律違反がある場合に是正勧告を受ける

是正勧告書や指導票が交付される

　労基署が申告監督や定期監督を実施した結果、会社に労働基準法などの法律違反の事実があった場合には、是正勧告書（211ページ）という書面が交付され、是正勧告がなされます。

　是正勧告書の交付を受けた会社は、是正勧告書に記載された違反事項について改善した上で、指定された期日までに是正報告書を提出しなければなりません。

　一方、会社の状況が法律違反とまではいかない状況であっても、労基署が改善する必要があると判断した場合には、指導票（212ページ）という書面が交付されます。

　指導票の交付を受けた場合も、是正勧告書の交付を受けた場合と同様に、会社は指導票に記載された内容について改善した上で指定された期日までに是正報告書を提出しなければなりません。

是正勧告書の内容と記載事項

　是正勧告書は、具体的な内容について定めた法律の条文に従ってリストアップされます。

　労働基準法などの具体的な法律の条項が「労働基準法第〇条」といった形式で記載され、その条文に違反する具体的な内容を違反事項として記載されます。

　さらに、その違反事項の是正期日が記載されるので、是正勧告書を受け取った会社はその是正期日までに、違反事項をたださなければなりません。

違反事項には、時間外労働に関すること、割増賃金に関することなどの労働基準法に関することから、衛生管理者（150ページ）や産業医（152ページ）の選任などの労働安全衛生法に規定のある事項について、最低賃金法などについて違反がある場合に記載されます。

▌指導票の内容と記載事項

　指導票には、是正勧告書のような違反事項はありませんが、改善すべき事項について、指導事項という欄が設けられ、具体的な内容が記載されます。

　指導票に記載された改善すべき内容についても、指導報告を提出する期日が記載されます。

　したがって、指導票が交付された企業は、指定された期日までに改善した内容を記載した報告書を提出しなければなりません。

■ 労働基準監督官からの指示 ……………………………………………

労働基準監督署　　　　　　　　　　　　　　　　　　　　会社

　　交　付　→　　

＜是正勧告書＞
事業所の労働基準法等の違反が判明した場合に
交付される

＜指導票＞
法律違反にはあたらないが
改善する必要がある場合に交付される

＜施設設備の使用停止等命令書＞
労働安全衛生法違反があり、危険がある場合に
交付される

是 正 勧 告 書

株式会社東西商事　　　　　　　　　　　　　　　　　令和4年10月26日
代表取締役　南川　次郎　殿

　　　　　　　　　　　　　　　　　　　　　　　　　中央労働基準監督署
　　　　　　　　　　労働基準監督官　　　　調査　太郎　　㊞

　　貴事業場における下記労働基準法第15条、第32条、第37条、第89条、労働安全衛生
法第12条、第66条違反については、それぞれ所定期日までに是正の上、遅滞なく報告
するよう勧告します。
　　また、「法条項等」欄に□印を付した事項については、同種違反の繰り返しを防止
するための点検責任者を事項ごとに指名し、確実に点検補修を行うよう措置し、当該
措置を行った場合にはその旨を報告してください。

記

法条項等	違 反 事 項	是正期日
労働基準法第15条	労働契約の締結に際し、労働条件を書面で交付していないこと	今後
労働基準法第32条	時間外労働に関する協定の締結がないにも関わらず、労働者に1日8時間を超えて労働を行わせていること	即時
労働基準法第37条	①9月30日までの時間外労働に対し、2割5分以上の率で計算した割増賃金を支払っていないこと	R.4.11.30
	②管理監督者に対して、深夜割増賃金を支払っていないこと	
	（上記割増賃金の不足分については、令和3年10月1日に遡及して支払うこと）	
労働基準法第89条	常時10人以上の労働者を使用しているにもかかわらず、就業規則の作成・届出をしていないこと	R.4.11.30
労働安全衛生法第12条	常時50人以上の労働者を使用しているにもかかわらず、衛生管理者を選任していないこと	R.4.11.30
労働安全衛生法第66条	労働者に対し、1年以内ごとに一回、定期健康診断を行っていないこと	R.4.11.30
		以上
受領年月日受領者職氏名	令和4年10月26日　　　　　総務部長　北海　一男　㊞	（1）枚のうち（1）枚目

指　導　票

令和4年10月26日

株式会社東西商事
代表取締役　南川　次郎　殿

中央労働基準監督署
労働基準監督官　　調査　太郎　㊞

　貴事業所における、下記の事項につき、指導内容にしたがい改善措置を講じていただくよう要請いたします。改善状況については、令和4年11月25日までに当署に報告してください。

指導事項
1　時間外・休日労働が月100時間を超える場合又は2〜6月平均で月80時間を超える場合には、業務と脳・心臓疾患の発症との因果関係が強いと判断されること、また時間外・休日労働が月45時間を超えて長くなるほど健康障害のリスクが徐々に高まりますので、産業医面談を実施するなど社員の健康管理にかかる　措置を適切に講じてください。
2　労働者の年次有給休暇の取得状況を示す記録を作成していないようですので、年次有給休暇の付与日数、取得状況、残日数などを、労働者ごとに、適正に記載する記録・管理簿等を作成してください。また、年次有給休暇を取得するための申請方法を明確にして、労働者に周知させてください。

受領年月日 受領者職氏名	令和4年10月26日 　　　　　　　　　総務部長　北海　一男　㊞

是正勧告を受けるとどうなるのか

調査の結果、是正勧告を受けると、是正勧告書（211ページ）が交付されます。是正勧告を受けた会社は、是正勧告書に記載された違反事項を改めなければなりません。

違反事項に記載されている内容を改めたら、そのことを是正報告書に記載した上で、是正勧告書に記載された期日までに労働基準監督署に提出します。

是正報告書には、是正勧告書に記載された違反事項について、それぞれどう改善したのかを改善完了日とともに具体的に記載します。

是正報告書には、会社の名称・所在地・代表取締役の氏名を記名し押印した上で、労働基準監督署に提出します。

報告書は、事前に連絡を入れた上で持参するようにしましょう。また、郵送でも受け付けてくれる場合もあるので、郵送したい場合には、連絡を入れた際に可能かどうかを問い合わせてみるとよいでしょう。

是正が間に合わないこともある

是正勧告を受けた場合、会社としては当然指摘された内容について改善しなければなりません。

しかし、違反事項が多数ある場合や、会社の管理が不適切だったためにすぐに是正勧告の内容通りに改善することができない場合もあります。

具体的には、法律上義務付けられている書類を作成していなかった場合や、社員の出退勤の記録が全くなかった場合、時間外労働・休日

労働の割増賃金を再計算しなければならなくなったような場合などです。いずれも社員ごとに作成しなければなりませんから、すぐに改善できない場合が多いでしょう。

　また、労働基準法だけでなく、労働安全衛生法の規定に違反しているようなケースでは、たとえば産業医や衛生管理者を選任しなければならない場合もあります。このようなケースでは、すぐに適任者を見つけることができない場合もあるでしょう。産業医の場合には、適任者を社外から探し出して契約を結ばなければなりませんし、衛生管理者の場合には社内にその資格を持っている人がいなければ、資格を有する人を雇用するか、社員がこの資格をとらなければなりません。いずれにしても、すぐに対応しにくい是正内容だといえます。

▎報告書の提出が遅れたときは

　労働基準監督署が指定した期日までに改善できない場合に、そのまま何も言わずに期日に遅れたままでいると、罰則が適用されたり、書類送検されてしまう可能性もあります。会社としては、こうした不利益を受けないように改善を急ぐ必要があります。しかし、だからと言って、改善できていないのに「改善した」という虚偽の報告をすることは避けなければなりません。

　是正勧告に記載された期日までに、改善を終えることができないことが明確になったら、その期日になる前に、担当の労働基準監督官にその旨を申し出るようにしましょう。その際、ただ遅れると伝えるのではなく、「○月○日までには○○を改善し、○月×日までには××の改善を終えます」などと、具体的な理由と対応にかかる日数や時間を示すとよいでしょう。

　このように、改善する意思と具体的な方法を述べた上で期限の延長を願いでれば、「改善する意思がない」「悪質だ」などと判断されることはないでしょう。具体的には、報告書を提出するまでの間に、逐一

進捗状況を伝えて、会社が誠実に対応していることを理解してもらうようにします。

書類送検されるとどうなる

是正勧告を受けたにもかかわらず、会社側が何の対応もしていない場合、「悪質である」と判断されてしまう恐れがあります。

たとえば、労働者に支払う賃金を何か月も支払っていなかったような場合です。この未払い分については、当然支払わなければなりませんが、未払いの給料の額が多くなると、会社としてもすぐに支払えないことがあります。

■ 期日までに間に合わない場合の対処法 ·························

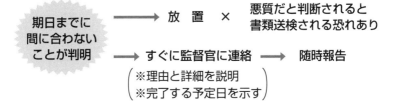

■ 書類送検された場合のデメリット ·························

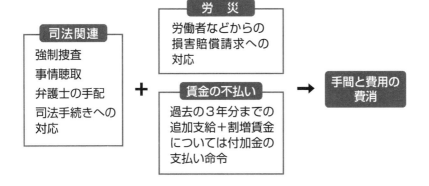

このように場合に、「支払えないから」とそのままにしていたところ、労働基準監督署が悪質だと判断し、書類送検されてしまう場合があります。

　書類送検されると、会社にはさまざまな悪影響が出てきます。書類送検されるということは検察や裁判所への対応が必要となるために、顧問弁護士などがいない場合には、弁護士を探した上で、対応しなければなりません。

　業種や地方によっては書類送検された、という事実によって入札することができなくなる場合もあります。

　また、労災事故や賃金の未払いが原因で書類送検されたような場合には、「書類送検された」という事実が相手方の労働者や、労働者の家族や遺族をより強力に動かすことになります。具体的には、労働者とその家族が会社に対して慰謝料などを請求する可能性が高くなります。その場合も争うことになれば、やはり司法の場で対応しなければならなくなります。いずれにしても、会社としては、時間も費用もかかる上に、社会的にも悪影響を受けることになります。

▌是正に従わないときは

　書類送検をされるような悪質なケースと判断されるのは、次のようなケースに該当した場合です。

・労働基準法や労働安全衛生法などの法律違反が重大なものであること
・違反事項についての改善が見られない場合
・違反事項がきわめて悪質な場合
・会社が社会的な責任を放棄しているような場合で、司法処分にする
　必要があるほどの違反事項がある場合

是　正　報　告　書

令和 4 年11月29日

中央労働基準監督署長　殿

事業の名称　株式会社東西商事
所在地　中央区中央 1 - 1 - 1
使用者職氏名　代表取締役　南川　次郎　㊞

　令和 4 年10月26日貴署　調査　太郎　監督官、~~技官~~の臨検、検査の際~~使用停止等命令書~~、是正勧告書、指導票によって是正改善指示された事項について、下記のとおり改善しましたのでご報告いたします。

記

違反法条項等 指導事項番号	是正内容	是正年月日
労働基準法第15条	11月 1 日付以降入社者より「労働条件通知書」を交付しました。	11月 1 日 是正済
労働基準法第32条	三六協定を作成のうえ、届出しました。	11月10日届出 是正済
労働基準法第37条①	時間外労働に対する割増賃金については、令和 3 年10月分から令和 4 年 9 月分まで再計算し、令和 4 年11月25日に支払いました。	11月25日支払 是正済
労働基準法第37条②	管理監督者に対する深夜労働割増賃金は、令和 3 年10月分から令和 4 年 9 月分まで再計算し、令和 4 年11月25日に支払いました。	11月25日支払 是正済
労働基準法第89条	就業規則を作成し、令和 4 年11月10日に届け出ました。	11月10日届出 是正済
労働安全衛生法 第12条	衛生管理者の選任報告書を令和 4 年11月10日に届け出ました。	11月10日届出 是正済
労働安全衛生法 第66条	令和 4 年11月15日に全社員一斉に定期健康診断を実施しました。	11月15日実施 是正済

以上

調査前にこんなことをしてはいけない

法律違反を隠すような行為やごまかそうとする行為は禁止されている

どんな行為が法律違反になるのか

労働基準法には、労働基準監督官が臨検を行う際に行ってはならないことが、具体的に定められています。臨検とは、労働基準監督官としての職務執行のため、労働基準法違反の有無を調査する目的で事業場などに立ち入ることをいいます。ただ、あくまでも行政上の権限であり、司法上の捜索ではないため司法官憲（裁判官）の令状は不要です。

申告監督も臨検の一種ですから、この規定に従うことになります。まず、労働基準監督官が行う臨検を拒むことはできません。したがって、申告監督を受ける際にも、これを拒むことはできません。臨検を妨害するような行為、忌避（臨検を受けることを嫌い、避けること）する行為も禁止されています。

また、帳簿などの書類を提出するように言われた場合や尋問を受けた場合に、これを拒むことはできません。帳簿書類に虚偽の記載をして提出することも許されません。たとえば、長時間の残業をさせていたことを隠すために、データを隠したり改ざんするといった行為を行うことは許されません。具体的には、出退勤時間を打刻するタイムカードや賃金台帳などを改ざんしたような場合です。

尋問に対して、虚偽の受け応えをしたり、労働者に対して虚偽の受け応えをするように強要することも禁止されています。したがって、本当はサービス残業をさせているのに、労働者に対して「残業をしてない」と言わせることはできません。仮に言わせた場合で、後日その労働者が会社に強要されたことを伝えたとしても、その労働者に対して不利益な取扱いをすることは禁止されています。

なお、労働契約を締結した際に交わした労働契約書や雇用契約書なども隠すことはできません。たとえば、以下のような行為のことです。

・労働契約書など指定された書面を隠すこと
・尋問に対して虚偽の受け応えをすること
・尋問に対して虚偽の受け応えをするように労働者に強要すること
・尋問に答えないこと
・タイムカードなどの勤怠データを改ざんすること
・賃金台帳を改ざんすること

　以上のような行為を行うと、30万円以下の罰金に処せられますので、注意が必要です（労働基準法120条4号）。

　なお、臨検監督でよく指摘される法違反として、労働時間について（労働基準法32条）や、割増賃金（労働基準法37条）があります。これらについては、日頃から、勤怠管理をきちんと行う、時間外労働などにより割増賃金が発生したら法定どおりに支払うなど、適正な労務管理が求められます。

■ データの一致を確認するケース ・・・・・・・・・・・・・・・・・・・・・・・・・・・・・

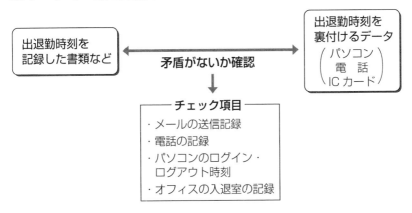

6 労働基準監督官はどのようにやってくるのか

いきなりやってくることもあるがたいていは日程を調整できる

どのようにやってくるのか

　労働基準監督官は、予告してくる場合と予告せずに来る場合があります。予告しないで来る場合は、事前に電話などで知らせることなく、突然会社にやってきます。ただ、突然会社にやってこられてもすぐに対応できない会社がほとんどでしょう。

　このような場合には、その日には対応できないことを伝える必要があります。そして、書類などを準備して確実に対応できそうな日を決めて、必ず対応することを誠実に伝えるようにする必要があります。また、電話でいきなり調査の日時を指定してくる場合もあります。このような場合には、その日までに対応できるようにしておく必要がありますが、あまりに急ですぐに対応できない場合には、やはり対応できそうな日を伝えるようにします。

　郵送やFAXで事前に調査の日時を伝えてくる場合もあります。この場合、担当監督官の氏名や調査当日に必要な書類も記載されていますから、その日までに書類を準備するようにしましょう。指定された日時にどうしても対応できない場合には、他の場合と同様に、その旨を伝え、誠実に対応する必要があります。

準備しておくものは

　突然、担当者がやってきた場合は別として、事前に電話や郵送、FAXで連絡があった場合には、その時点で必要な書類を確認しておくようにしましょう。予告もなく担当者がやってきた場合で改めて別の日に調査してもらうように日程を調整した場合も、その段階で必要

な書類については必ず確認しておくようにします。

　ケースによって異なりますが、労働基準法に関する事項について準備しておきたい書類には以下のようなものがあります。

・各労働者に交付した労働条件通知書（または雇用契約書）の控え
・就業規則・賃金規程
・各労働者の年次有給休暇の取得状況を示す書面
・会社の組織図（労働者数とその内訳がわかるもの）
・労働者名簿
・賃金台帳

■ 調査の通知から当日までの手順 ……………………………………

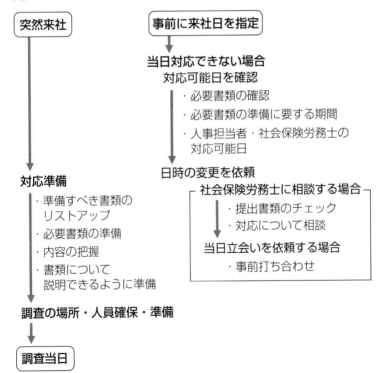

・各労働者の時間外労働・休日労働の実態がわかる書面

・出勤簿、タイムカードなどの出退勤の表データ

・時間外労働・休日労働に関する協定がある場合にはその協定届の控え

社会保険労務士に立ち会ってもらうこともできる

　調査に対応できるか不安な場合には、社会保険労務士に相談するとよいでしょう。この場合、事前に相談するだけでなく、当日に立ち会ってもらうことも検討します。社会保険労務士に立ち会ってもらう場合には、事前に、どう対応するのかを具体的に打ち合わせしておくようにします。また、提出する書類について、あらかじめチェックしてもらうと安心です。調査日を別の日にしてもらう場合などは、こうした事前の打ち合わせも日程に入れて、余裕をもっておくとよいでしょう。

調査への対応とマナー

　調査日の調整をする際には、労働基準監督署、会社の担当者、そして社会保険労務士に立ち会ってもらう場合には社会保険労務士の日程があう日を選ぶ必要があります。

　また、当日は、きちんとした身なりで誠実に対応するようにします。調査中には、さまざまな書類を確認しなければなりませんから、広めの机を用意して、作業しやすい環境を整えるようにします。場所としては、たとえば会議室など、作業しやすいスペースを確保するようにするとよいでしょう。

　調査時間については、2、3時間くらいは見ておくようにします。対応する人員の時間もゆとりをもって空けておくようにしましょう。

7 監督官がチェックする書類をおさえておこう

チェックするポイントをふまえて記入漏れがないか確認する

どんなものを準備するのか

労働基準監督署による定期監督や申告監督が実施される際には、調査の時に労働基準監督官が確認する書類を準備するように指示されます。労働基準監督官が事前に連絡せずに突然やってくる場合を別として、通常は、事前に「ご用意いただきたい書類」という表題の書面が郵送かFAXで送られてくるので、そこにリストアップされた書類を用意することになります。具体的には、会社が雇用している労働者についての詳細を判断するための書類として、会社組織図や労働者名簿の提出が求められます。各労働者との雇用契約と雇用する条件について判断するために必要な、就業規則等や雇用契約書あるいは労働条件通知書も準備しなければなりません。

労使間で時間外労働や休日労働に関する協定を結んでいる場合には、その協定届も準備します。変形労働時間制やフレックスタイム制、裁量労働制などを導入している会社の場合には、こうした制度の導入に関する労使協定について記載した書面などを準備します。

労働者の勤務状況を裏付ける資料として、タイムカードなどの出勤簿や賃金台帳（給与明細書など）、変形労働時間制を導入している場合には変形労働時間のシフト表、さらに、有給休暇届など有給休暇の取得状況の管理簿などを準備します。

また、労働者の安全衛生に関する書類も必要になります。具体的には、健康診断個人票、安全管理者・衛生管理者や産業医の選任状況を確認できるような書面、安全委員会・衛生委員会の設置の有無とその運営状況を確認できるような書面などです。

組織図が必要になる

調査に来る労働基準監督署の監督官は、会社の組織図をチェックします。組織図とは、会社の組織について組織の体系を一覧できるように示した図のことです。部署・課・室の構成が図示され、会社の組織が一目でわかるようになっています。

労働基準監督官は会社の組織図を見て、一般的に長時間労働となりやすい業務内容を含む組織があるのかどうかを把握します。また、労働者の人数と内訳を見ることで、正社員が多いのか、それとも非正規社員が多いのか、といった事項についても判断します。

調査を効率的に行うために、最初にこの組織図から業務内容と人員配分を確認し、長時間労働となりやすそうな組織にあたりをつけて重点的に調査を行う労働基準監督官が多いようです。

労働者名簿は記載漏れがないように

労働者名簿は、労働基準法上作成することが義務付けられていますから、たいていの会社は労働基準監督署からの指示がなくてもすぐに準備できるでしょう。労働基準法で作成が義務付けられている労働者名簿とは、各労働者に関する一定の必要事項を記載した書面を労働者ごとに作成したものです。各労働者の氏名と住所を一覧にしたようなものは労働基準法上作成が求められている労働者名簿とはならないので、注意してください。

必要事項とは、たとえば、労働者の氏名・住所・性別・生年月日・雇用開始日（雇い入れの年月日）などの基礎的な情報の他に、各労働者が従事している業務の種類と入社前の職歴を記載します。他に書き加えるべき内容がある場合には備考欄を設けて記載します。また、すでに退職した（解雇・死亡などを含みます）労働者の名簿には、解雇・退職・死亡の年月日とその原因を記載する必要があります。

なお、退職した労働者についても退職した時から３年間は労働者名

簿を保存しておかなければならないので、注意してください。

　労働基準監督官は、労働者名簿が全労働者分作成されているかどうか、そして必要事項が記載されているかどうかを確認します。必要事項について記載漏れがあると、労働基準法違反となる場合もありますから、事前にすべてそろっているかどうか、確認するようにしてください。

賃金台帳に不備がないように気をつける

　賃金台帳には、賃金を計算する上で基礎となる賃金の額、労働者の氏名と性別、支給する賃金の計算期間、労働日数と時間数を記載します（229ページ）。

■ 組織図　‥‥‥‥‥‥‥‥‥‥‥‥‥‥‥‥‥‥‥‥‥‥‥‥‥‥‥‥‥

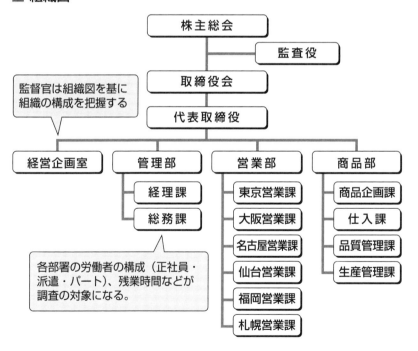

労働時間数については、時間外労働・休日労働・深夜労働の労働時間数も記載します。

　もちろん、その計算の基礎となる基本給については、その他の諸手当とは分けて記載します。諸手当についても種類ごとに金額を記載できるようにしておく必要があります。

　なお、労使協定によって賃金の一部を控除したような場合にはその額を明記する必要があります。労使協定とは、事業場の過半数の労働者で組織される労働組合（そのような労働組合がない場合には労働者の過半数を代表する者）と使用者との間で、書面によって締結される協定のことです。

　賃金台帳は、基本給と諸手当、そして時間外労働に対する賃金が労働者に適切に支払われているかどうかを確認するために提出を求められるものです。したがって、必要事項を記載していないなど不備がある場合には、是正勧告や指導を受けることになりますから、事前に必ず確認するようにしてください。特に基本給と諸手当の区別、そして時間外労働の種別を明記するのを忘れないようにしましょう。

▍労働条件通知書で何をチェックするのか

　労働条件通知書は、労働者を雇い入れる場合に労働者に対して交付しなければならないものです。賃金や労働時間、就業場所などの一定の事項について記載しなければならないとされています。具体的な記載事項については、230ページの書式を参考にしてください。

　なお、労働条件通知書は、正社員だけでなく、有期限で労働者を雇用する場合にも交付しなければなりません。その際には、契約の期間が満了した場合に更新するのかどうか、記載しておくようにします。

　更新する場合には、自動的に更新となるのか、契約満了時に更新するかどうかを判断するのか、あるいは原則として契約更新はしないものとして、例外的な事情がある場合に限って更新するのか、といった

ことがわかるように記載しておくとトラブルを予防することができるでしょう。

いずれにしても、雇用期間を限って雇用する場合には、労働条件通知書に有期契約であることを明示します。また、期間満了後に更新する場合、その都度新しい労働条件通知書を交付しなければなりません。

このように、労働基準監督官は、労働条件通知書に記載された労働条件を確認し、実態について記載された他の書類とあわせてその会社が法律違反をしていないかどうかを判断することになります。

書類は保存期間を確認しておくこと

準備すべき書類には保存期間が定められています。会社は各書類の作成義務を負うとともに定められた期間中はその書類を保存しなければならないのです。たとえば、労働者名簿の場合には、現在会社で勤務している者についてだけに気をとられずに、退職した労働者のものであっても退職してから3年間は保存しなければならない点に注意しなければなりません。

■ 労働者名簿に記載する事項 ………………………………………
会社が負う義務 → 必要事項 の記載された労働者名簿を作成すること

> ・労働者の氏名
> ・労働者の性別
> ・労働者の住所
> ・労働者の生年月日
> ・労働者の履歴
> ・労働者の従事する業務の種類
> ・雇入れ年月日
> ・退職または死亡の事由と年月日
> ・退職の事由が解雇の場合にはその理由

一定期間保存義務のある書類については、必要な時にすぐに閲覧することができるようにしておかなければなりません。また、保存すべき期間と賃金や退職金の消滅時効期間は一致していないので、その点にも注意してください。

　消滅時効期間とは、その期間を過ぎてしまうと権利を行使することができなくなってしまう期間のことです。たとえば、労働者が使用者に賃金を請求できる権利は請求できる日から3年間、退職金を請求できる権利は請求できる日から5年間で時効消滅します。

　労働基準法または労働安全衛生法に関係する文書の保存期間について、下図の通りにまとめましたので、参考にしてください。

■ 文書の保存期間 ···

労働基準法関連

文書の種類
① 労働者名簿
② 賃金台帳
③ 雇入れ・解雇・退職に関する重要書類
④ 災害補償に関する重要書類
⑤ 賃金その他労働に関する書類

※ 出勤簿・タイムカード・残業命令書とその報告書・労使協定書など

保存期間の起算日
① 労働者の死亡、退職、解雇の日
② 最後の記入をした日
③ 解雇、退職または死亡の日
④ 災害補償を終わった日
⑤ 完結の日

保存期間
3年間

労働安全衛生法関連

文書の種類
① 特別教育に関する記録 → 3年間
② 健康診断に関する記録 → 5年間

保存期間

書式　賃金台帳（給与台帳）

雇　入　年　月　日	所　属	職　　　名
令和○年○月○日　雇入	総務部	経理課長

その月の勤怠状況

賃 金 計 算 期 間	1月分	2月分	3月分	4月分	5月分	6月分	7月
労 働 日 数	20日	21日	19日	22日	20日	日	
労 働 時 間 数	160	168	152	176	160		
休 日 労 働 時 間 数			8				
早 出 残 業 時 間 数	22	25	31	18	24		
深 夜 労 働 時 間 数			3				

その月の支給額の内訳と合計

基　　　　本　　　　給	200,000円	200,000円	200,000円	205,000円	205,000円		
所定時間外割増賃金	36,960	42,000	72,640	30,240	40,320		
手当／職 務 手 当	10,000	10,000	10,000	10,000	10,000		
役 職 手 当	5,000	5,000	5,000	5,000	5,000		
住 宅 手 当	20,000	20,000	20,000	20,000	20,000		
家 族 手 当	15,000	15,000	15,000	15,000	15,000		
精 皆 勤 手 当	10,000	10,000	10,000	10,000	10,000		
通 勤 手 当	12,000	12,000	12,000	12,000	12,000		
手当							
小　　　　　　　　計	308,960	314,000	344,640	307,240	317,320		
そ の 他 の 給 与							
合　　　　　　　　計	308,960	314,000	344,640	307,240	317,320		

その月の控除額の内訳と合計

控除額／健 康 保 険 料	14,760	14,760	14,760	14,760	14,760		
厚 生 年 金 保 険 料	27,450	27,450	27,450	27,450	27,450		
雇 用 保 険 料	926	942	1,033	921	951		
介 護 保 険 料							
所 得 税	7,070	7,280	8,420	7,070	7,390		
住 民 税	10,000	10,000	10,000	10,000	10,000		
控 除 額 計	60,206	60,432	61,663	60,201	60,551		
差 引 合 計 額	248,754	253,568	282,977	247,039	256,769		
実 物 給 与							

手取額

差 引 支 給 額	248,754	253,568	282,977	247,039	256,769		
領 収 者 印	(佐藤)	(佐藤)	(佐藤)	(佐藤)	(佐藤)	印	日

←──現金支給している場合は本人に領収印をもらう

書式　労働条件通知書

(一般労働者用；常用、有期雇用型)

労働条件通知書

令和 4 年 4 月 1 日

◯◯◯◯ 殿

事業場名称・所在地 **東京都港区◯◯　×–×–×**
使 用 者 職 氏 名 **株式会社◯◯　代表取締役◯◯◯◯**

契約期間	(期間の定めなし)、期間の定めあり（　　年　　月　　日〜　　年　　月　　日） ※以下は、「契約期間」について「期間の定めあり」とした場合に記入 1　契約の更新の有無 　［自動的に更新する・更新する場合があり得る・契約の更新はしない・その他（　　　　）］ 2　契約の更新は次により判断する。 　・契約期間満了時の業務量　　　・勤務成績、態度　　　　・能力 　・会社の経営状況　　・従事している業務の進捗状況 　・その他（　　　　　　　　　　　　　　　　　　　　　　　　　　　　　） 【有期雇用特別措置法による特例の対象者の場合】 無期転換申込権が発生しない期間：　Ⅰ（高度専門）・Ⅱ（定年後の高齢者） 　Ⅰ　特定有期業務の開始から完了までの期間（　　年　　か月（上限10年）） 　Ⅱ　定年後引き続いて雇用されている期間
就業の場所	**本社商品開発部**
従事すべき 業務の内容	**商品企画の開発、販促方法の検討** 【有期雇用特別措置法による特例の対象者（高度専門）の場合】 ・特定有期業務（　　　　　　　　　　　開始日：　　　　完了日：　　　　）
始業、終業の 時刻、休憩時 間、就業時転 換（(1)〜(5) のうち該当す るもの一つに ◯を付けるこ と。）、所定時 間外労働の有 無に関する事 項	1　始業・終業の時刻等 　(1) 始業（ **9** 時 **00** 分）　終業（ **18** 時 **00** 分） 　【以下のような制度が労働者に適用される場合】 　(2) 変形労働時間制等；（　）単位の変形労働時間制・交替制として、次の勤務時間の 　　　組み合わせによる。 　┌ 始業（　時　分）　終業（　時　分）　（適用日　　　　　） 　│ 始業（　時　分）　終業（　時　分）　（適用日　　　　　） 　└ 始業（　時　分）　終業（　時　分）　（適用日　　　　　） 　(3) フレックスタイム制；始業及び終業の時刻は労働者の決定に委ねる。 　　　　　　　（ただし、フレキシブルタイム（始業）　時　分から　時　分、 　　　　　　　　　　　　　　　　　　（終業）　時　分から　時　分） 　　　　　　　　　　　　　コアタイム　　　　時　分から　　時　分） 　(4) 事業場外みなし労働時間制；始業（　時　分）終業（　時　分） 　(5) 裁量労働制；始業（　時　分）終業（　時　分）を基本とし、労働者の決定に委ね 　　　る。 ○詳細は、就業規則第○条〜第　条、第　条〜第　条、第　条〜第　条 2　休憩時間　(**60**) 分 3　所定時間外労働の有無　（(有) ,　無 ）
休　　　　日	・定例日；毎週 日曜日、(国民の祝日)、その他（12/30〜1/3, 8/13〜15） ・非定例日；週・月当たり　　日、その他（　　　　　　　　　　　　　） ・1年単位の変形労働時間制の場合−年間　　　日 ○詳細は、就業規則第○条〜第　条、第　条〜第　条
休　　　　暇	1　年次有給休暇　6か月継続勤務した場合→　　　　**10**日 　　　　継続勤務6か月以内の年次有給休暇　(有)・無) 　　　　→4か月経過で **2** 日 　　　　時間単位年休　(有)・無) 2　代替休暇 (有・(無)) 3　その他の休暇　(有給　　**慶弔休暇等**　　) 　　　　　　　　　無給（　　　　　　　　　　　） ○詳細は、就業規則第△条〜第□条、第　条〜第　条

（次頁に続く）

賃　　金	1	基本賃金	㋑ 月給（257,000円）、ロ　日給（　　　　円）
			ハ　時間給（　　　　円）、
			ニ　出来高給（基本単価　　　　円、保障給　　　　円）
			ホ　その他（　　　　円）
			ヘ　就業規則に規定されている賃金等級等
	2	諸手当の額又は計算方法	
			㋑（皆勤）手当 10,000円　／計算方法：無遅刻・無欠席の場合）
			㋺（通勤）手当 32,630円　／計算方法：通勤定期券代の実費　）
			㋩（住宅）手当 12,000円　／計算方法：家賃月額の2割相当　）
			ニ（　　）手当　　　円　／計算方法：　　　　　　　　　　）
	3	所定時間外、休日又は深夜労働に対して支払われる割増賃金率	
			イ　所定時間外、法定超　月60時間以内（ 25 ）%
			月60時間超　（ 50 ）%
			所定超　（ 25 ）%
			ロ　休日　法定休日（ 35 ）%、法定外休日（ 25 ）%
			ハ　深夜（ 25 ）%
	4	賃金締切日（基本給）－毎月20日、（手当）－毎月20日	
	5	賃金支払日（基本給）－毎月25日、（手当）－毎月25日	
	6	賃金の支払方法（　　　　口座振込み　　　　）	
	7	労使協定に基づく賃金支払時の控除（無 、㈲（親睦会費））	
	8	昇給（時期等　毎年4月業務実績を勘案の上、決定　）	
	9	賞与（㈲（時期、金額等　業務実績を勘案の上、支給（6月、12月）），無 ）	
	10	退職金（㈲（時期、金額等　就業規則第○条による　　），無 ）	
退職に関する事項	1	定年制　（㈲（65 歳），無 ）	
	2	継続雇用制度（有（　　歳まで），㊘ ）	
	3	自己都合退職の手続（退職する 14 日以上前に届け出ること）	
	4	解雇の事由及び手続	
			就業規則第○条による
	○詳細は、就業規則第　条～第　条、第　条～第　条		
その　他	・社会保険の加入状況（厚生年金　健康保険　厚生年金基金　その他（　　　））		
	・雇用保険の適用（㈲，無 ）		
	・その他		

※以下は、「契約期間」について「期間の定めあり」とした場合についての説明です。
　労働契約法第18条の規定により、有期労働契約（平成25年4月1日以降に開始するもの）の契約期間が通算5年を超える場合には、労働契約の期間の末日までに労働者から申込みをすることにより、当該労働契約の期間の末日の翌日から期間の定めのない労働契約に転換されます。ただし、有期雇用特別措置法による特例の対象となる場合は、この「5年」という期間は、本通知書の「契約期間」欄に明示したとおりとなります。

※　以上のほかは、当社就業規則による。
※　労働条件通知書については、労使間の紛争の未然防止のため、保存しておくことをお勧めします。

労 働 者 名 簿

ふりがな	やまだ　たろう		従事する業務の種類	経理
氏　　名	山田　太郎			
生年月日	昭和 60 年　11 月　15 日生	性別　⦅男⦆女		
住　　所	○○○−○○○○ 東京都○○区○○町○○番地			
雇入年月日	平成 30 年　　9 月　　1 日			
解雇退職又は死亡	令和 4 年　　6 月　　20 日			
	事由 (退職の事由が解雇の場合にあつては、その理由を含む。)	自己都合により退職		

履　歴

平成 16 年 3 月 31 日　　○○高等学校卒業

平成 16 年 4 月　1 日　　株式会社○○入社

平成 30 年 6 月 30 日　　株式会社○○を自己都合退社

健康診断の実施状況を
チェックする

健康診断の実施と健康情報の取扱いに注意する

健康診断の実施と報告の仕方

　労働基準監督署の調査の対象は、労働基準法に関する事項だけではありません。労働安全衛生法に関する事項も調査の対象になります。

　この労働安全衛生法の規定によって、会社は、健康診断の実施と報告が義務付けられています。

　具体的には、労働者を雇い入れるときと、雇入れ後は1年に1回以上、定期的に健康診断を実施しなければなりません。

　また、常時50人以上の労働者を使用している会社の場合には、健康診断を行ったときに届出をする定期健康診断結果報告書（235ページ）を提出しなければなりません。なお、有害な業務に常時従事する従業員に対して行わなければならない歯科検診については、令和4年10月から、歯科検診の結果報告が全ての事業場の義務となりました（「有害な業務に係る歯科健康診断結果報告書」の様式が新たに新設されました）。

　労基署は、会社が健康診断を適切に実施し、報告を適切に行っているか、確認します。

　労基署の担当者は、調査の際には、週30時間以上勤務している労働者（正社員だけでなく、契約社員やパートタイマーなども含まれます）への健康診断の実施状況を確認し、常時使用している労働者に関しては、健康診断が1年に1回以上定期的に行われているかどうかを確認します。

　会社がこれを怠っていた場合には、労働安全衛生法違反となり、指導を受けることになります。

健康情報を取り扱う際の注意点

　健康診断を実施する場合、会社が労働者の健康情報を取り扱うことになります。

　この健康情報を取り扱う際に注意すべき事項あるいは望ましい内容については、厚生労働省から以下の内容の通達が出ているので、参考にしてください。

・健康情報を取得する目的を明らかにして労働者本人の承諾を得るようにする

・健康情報については、本人から提出を受けるのが望ましい

・産業保険業務事業者以外の者が健康情報を取り扱う際には、利用目的の達成に必要な範囲内に限定するように加工する

・健康情報の結果に基づいて労働者に対して診断や保健指導を行う場合には産業医などの専門家が行うのが望ましい

・健康情報の取扱いに関する規程を労働組合などと協議して作成するのが望ましい

・HIV感染症、B型肝炎など、社内で感染する恐れの低い感染症や遺伝子情報については労働者から取得すべきではない

■ 健康診断の実施 ……………………………………………………………

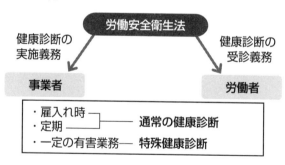

様式第6号(第52条関係)(表面)

定期健康診断結果報告書

8 0 3 1 1		

労働保険番号 1 3 1 0 5 0 1 2 3 4 5 0 0 0
[都道府県] [所掌] [管轄] [基幹番号] [枝番号] [被一括事業場番号]

対象年	7:平成 9:令和 →	9 0 3	(1月~12月分)　(報告1回目)
1~9年は右↑

健診年月日　7:平成　9:令和 →　9 0 3 1 2 1 5
1~9年は右↑ 1~9月は右↑ 1~9月は右↑

事業の種類	建設業	事業場の名称	株式会社 東西建設

事業場の所在地	郵便番号(101-0101)　東京都中央区中央1-1-1　　電話 03(2468)1357

健康診断実施機関の名称	中央健診センター	在籍労働者数	7 4 右に詰めて記入する
健康診断実施機関の所在地	中央区中央2-4-6	受診労働者数	7 4 右に詰めて記入する

(*) 労働安全衛生規則第13条第1項第3号に掲げる業務に従事する労働者数(右に詰めて記入する)

					人	
					計	

健康診断項目		実施者数	有所見者数		実施者数	有所見者数
	聴力検査(オージオメーターによる検査)(1000Hz)	7 4		肝機能検査	7 4	3
	聴力検査(オージオメーターによる検査)(4000Hz)	7 4		血中脂質検査	7 4	2
	聴力検査(その他の方法による検査)			血糖検査	7 4	
	胸部エックス線検査	7 4	7	尿検査(糖)	7 4	
	喀痰検査	6		尿検査(蛋白)	7 4	
	血圧	7 4		心電図検査	4 2	
	貧血検査	4				

所見のあった者の人数	1 2	医師の指示人数	2

産業医	氏名	山中一郎
	所属機関の名称及び所在地	山中クリニック　中央区中央3-1-16

令和4年1月11日

事業者職氏名　代表取締役　南川次郎

中央　労働基準監督署長殿

受付印

Column

年金事務所が行う社会保険の定時決定調査

　事業所調査とは、日本年金機構が行う定期的な調査です。調査のねらいは、事業所で行う社会保険の手続きが「適正か」を調べるためです。そのうち、特に念入りに調べられるのが、パートやアルバイトなどの非正規雇用者の社会保険加入状況です。

　事業所調査の対象となった場合、事業所所在地を管轄する年金事務所より書類が届きます。その中には、調査を実施する日時（または年金事務所へ郵送、電子申請する期限）と必要書類が記載されています。

　限られた日程内で必要書類をそろえる必要があるため、日頃からの社内体制の整備具合が問われるでしょう。

　なお、指定された日時に出頭（または提出期限までに郵送、電子申請）しなかった場合は、後日に年金事務所より電話がかかってくることがあります。それでも応じない場合は年金事務所の担当者が事務所へ出向くという事態にもなりかねないため、注意が必要です。単に用事で指定された日程に出頭（または提出期限までに郵送、電子申請）するのが難しい場合は、書類に記載された年金事務所へ電話をして、変更の依頼をすることができます。

　調査の際に必要となる書類は、事業主宛に届いた「健康保険及び厚生年金保険被保険者の資格及び報酬等調査の実施について」という通知書に記されています。具体的には、以下の書類が必要となります。

① 　報酬・雇用に関する調査票（同封された用紙に記入）
② 　源泉所得税領収証書
③ 　就業規則および給与規定
④ 　賃金台帳または賃金支給明細書
⑤ 　出勤簿（タイムカードも可）
　※⑤の出勤簿は、賃金台帳等において出勤日数および労働時間が確認できる場合は省略可

第6章

秘密保持・内部告発

1 従業員等との間で秘密保持契約を締結する場合

会社の重要秘密が漏洩するのを防ぐために結ぶ契約

┃ 違反した者は損害賠償などの責任を負う

　私たちが何らかの事業活動に参加するときには、その事業の秘密の一端に触れる可能性があります。事業活動への参加の形としては、アルバイトや正社員、会社同士の取引に基づき他社の中で業務を行うなど、様々な形態があり、業務の重要性や量は異なります。しかし、学生であれ社会人であれ、一度でも仕事をしたことのあるほとんどの人が名称は違っても「秘密保持契約」を締結した経験があるはずです。

　秘密保持契約とは業務で知り得た情報を外部に漏らさないことを約束する契約で、これに違反した者は損害賠償などの責任を負うことになります。たとえば、労働者が企業と雇用契約を締結するときに誓約書などの書類を提出する、ある企業がソフトウェア開発をする際に発注側と受注するシステム開発業者の間で締結する、などの方法で秘密保持契約の締結が行われています。

　会社の秘密を保護するものとして、不正競争防止法という法律があるにもかかわらず、あたり前のように秘密保持契約が締結されるのはなぜでしょうか。結論から言うと、会社が大事にしている秘密は不正競争防止法だけでは守りきれないからです。不正競争防止法が保護する会社の秘密は、一定の要件を満たした「営業秘密」ですが、その要件を満たすためのハードルはかなり高く、会社が本当に大事にしている秘密でも、裁判では要件を満たしていないと判断され、不正競争防止法の保護が受けられない可能性があるのが実情です。また、会社が保有する秘密は相当数に上ります。そのすべてを法的保護が受けられるような厳重な管理下に置くには、費用も手間もかかります。

238

このような状況にあって、会社の秘密を保護する手段として有効なのが秘密保持契約です。秘密保持契約は、不正競争防止法の保護を補完する役割を果たすだけではなく、「営業秘密」の要件のひとつである秘密管理性を高めるという面でも有効とされています。厳密には業務上の秘密には該当しない情報（たとえば、電話帳などに記載されるような個人情報を含む情報）でも、それが漏洩した場合は、情報の本人に多大な損害を与えることもあり得ます。そのため、秘密保持契約の中では、個人情報を含む会社の情報を広く「秘密」に含めて、その漏洩を禁止することが一般的です。

秘密保持契約で定めるべき条項

　従業員や取引先企業と秘密保持契約を締結する場合、どのような条項を定めるべきでしょうか。ケースバイケースではありますが、少なくとも「秘密保持すべき情報の内容」「情報を開示しても良い範囲」「情報の使用目的」「契約の有効期間」「目的が達成された後の情報の取り扱い」の5点は必ず定めるべきといえるでしょう。

■ 秘密保持契約と内容 ‥‥‥‥‥‥‥‥‥‥‥‥‥‥‥‥‥‥

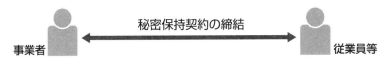

秘密保持契約の締結

事業者　　　　　　　　　　　　　　　　　　　従業員等

従業員等は知りえた「秘密」を外部に漏らしてはならない

契約で定めるべき条項

① 「秘密を保持すべき情報の内容」　④ 「契約の有効期間」
② 「情報を開示してもよい範囲」　　⑤ 「目的達成後の情報の取扱い」
③ 「情報の使用目的」

契約に違反した場合は、損害賠償責任等が発生する

Q 中途採用者から、その人が以前働いていた会社等の情報を取得する際に、どのような点に気をつければよいのでしょうか。

A 中途採用者に関しては、新卒の従業員と秘密保持契約を結ぶ場合とは異なる点に注意しなければなりません。つまり、自社の秘密情報等（業務上の秘密情報や個人情報など）の漏洩などに注意するだけでは足りません。思わぬ部分で他社（以前の勤務先など）の秘密情報等の不正取得・不正利用が問題になるのです。中途採用者が他社の秘密情報等を持っている場合があるからです。特にライバル企業など、同種の事業を運営する会社からの中途採用となると、当該中途採用者がライバル企業の重要な秘密情報等を持っている恐れがあります。

中途採用者から、このような情報を取得できれば、会社の事業運営にはプラスに働くことも少なくありません。しかし、中途採用者が他社に関する情報を開示する行為が、不正競争防止法が禁ずる営業秘密の不正開示にあたる恐れがあります。開示された情報を利用することが、営業秘密の不正使用にあたる恐れもあります。そこで、中途採用者に関しては、自社の秘密情報等に関する秘密保持契約を結ぶとともに、その契約条項の中に、他社に関する情報の開示および使用によって、他社の秘密情報等を侵害することがないように周知・徹底する条項を入れておく必要があります。

また、個別の契約に加えて、就業規則や社内規程にも秘密保持や他社の秘密情報等に関する条項を定めて、従業員がいつでも閲覧できるようにしておくべきです。詳細は後の項で詳述しますが、労務管理者としては、不正競争防止法などに違反しないことを従業員に周知・徹底させるため、できる限りの手段を講じることが求められます。

Q 秘密を保持するために、自社の秘密情報等に触れる可能性のある対象者を限定するには、具体的にどのような方法があるのでしょうか。

A 秘密保持を守ってもらう必要があるのは、秘密情報等（業務上の秘密情報や個人情報など）に触れる可能性がある人です。正規のアクセス権限を持っている者だけではありません。秘密情報等に触れることのある自社の従業員（正社員、アルバイト、パートなど）に加えて、派遣社員や取引先の人、退職者なども含まれます。

まず、自社の従業員であれば、就業規則などの社内規程によって秘密保持を求めることができます。しかし、派遣社員や取引先の人、退職者などについては、自社の従業員ではありませんので、就業規則などの社内規程による管理ができません。そこで、特に重要な秘密情報等については、どの秘密情報等に関する秘密保持契約を誰との間で締結するかを決定する必要があります。また、秘密情報等を共有する際は、秘密保持契約を締結すると共に、自社の従業員には教育や研修を実施して秘密管理の重要性を周知し、取引先には自社での管理方法を伝えて同等の管理を求めるなどの措置が必要です。

派遣社員については、雇用者が派遣元であるため、その者が情報漏洩をした場合の懲戒は派遣元の就業規則に基づいて行われ、派遣先である自社が懲戒を行うことはできません。そこで、派遣元を通して派遣社員と直接秘密保持に関する契約書を個別に作成するのが望ましいでしょう。これにより、秘密保持に抵触する事態が生じても、その契約書に基づいて派遣先が違反者である派遣社員に直接責任（主に損害賠償責任）を問うことができます。

2

競業避止契約とはどんな契約なのか

役職者ではない通常の従業員に対して過度の競業避止義務を課すのは困難

競業避止義務を課す契約とは

　競業避止義務を課す契約は、一般に従業員に対してライバル会社への転職を制限する契約のことを指しますが、過度な競業避止を義務付けることはできません。

　企業経営にとって重要な秘密情報等（業務上の秘密情報や個人情報など）の開示を受けた従業員が退職する際、秘密保持義務に加えて競業避止義務を課す契約を締結することがあります。特に情報システム部門（経営者や現場が欲する情報を必要な時に正確かつ安全に出してあげる部門）をもつ企業は、自社の情報に精通した従業員がライバル会社に転職することを極力阻止したいはずです。その場合、企業が個々の従業員との間で締結する、ライバル会社への転職を制限する内容を盛り込んだ契約を競業避止契約といいます。

　競業避止契約の内容を厳しくすると転職への抑止力が働く一方、従業員には重い足かせになることがあります。憲法が財産権の保障を規定していることを考慮すれば、企業が自社の営業秘密などの知的財産権を守りたいという欲求をもつのは当然のことです。他方、従業員が自ら培ったスキルを発揮できる環境を他社に求めて転職することも、職業選択の自由・営業の自由として憲法で保障されています。

　従業員が就業中に得た知識やスキルと、企業の営業秘密などとの区別は困難な場合が多く、どの程度の競業避止契約であれば許されるのかは難しい問題です。従業員の仕事内容などを総合的に考慮してケースごとに判断せざるを得ませんが、役職者ではない通常の従業員に対して過度の競業避止義務を課すのは困難です。

競業避止契約を結ぶ上でのポイントは

　具体的には、「競業避止契約に違反した場合は、退職金を全額返還しなければならない」「退職後５年以内に、競業他社に転職してはならない」などの厳しい条件を定めた競業避止契約は有効か否か、という形で問題になります。裁判例では、主として、①制限の期間、②場所的範囲、③制限対象業種の範囲、④代償の有無、という４つの要素につき、使用者の利益（秘密情報等の保護）、労働者の不利益（転職の不自由）を考慮し、競業避止契約の有効性が検討されています。

　まず、①制限の期間について、多くの裁判例は「２年以内は有効であるが、それを超えると無効」としているようです。次に、②場所的範囲については、合理的な範囲内でのみ競業を制限するものでなければなりません。たとえば、東京の会社で経理を担当していた従業員が、退職後に札幌にある同業種の会社に転職するのを制限するのは合理的な範囲を超えており不当です。また、③従業員の転職先が自社と異業種である場合には、転職を制限できません。

　ただ、以上の基準に照らし、従業員の職業選択の自由・営業の自由を不当に制限する契約であっても、④その従業員に相当の代償が支払われる場合は、その制限が許されることがあります。代償の具体例として、競業避止契約を締結する代わりに、退職金を上乗せしている場合や、在職中に秘密保持手当を出している場合が挙げられます。

　競業避止契約を締結する際には、上記の基準を参考にしながら、従業員が扱っていた秘密情報等の保護と、従業員の職業選択の自由・営業の自由の保障とを比較考量（対立する２つの権利の保障をバランスよく調整すること）することになります。なお、競業避止契約の締結方法は、就業規則に競業避止規定を置く方法や、入社や退職のタイミングで該当の従業員に誓約書を書かせる方法が一般的です。

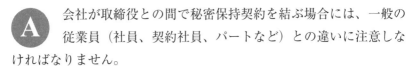

A 会社が取締役との間で秘密保持契約を結ぶ場合には、一般の
従業員（社員、契約社員、パートなど）との違いに注意しな
ければなりません。

　まず、取締役が在任中にあっては、一般の従業員とは異なり、秘密
保持契約を結ぶ必要性は小さいといえます。会社法の規定によると、
取締役は、忠実に会社の職務を遂行する義務（忠実義務）を負うとと
もに、職務に専念するため競業避止義務を負うからです。取締役は、
法律上は株主から会社の職務を委任された者で、民法や会社法などの
法律によってさまざまな制限が課せられています。つまり、取締役は
会社の利益に反する行為を法的に禁じられており、たとえば、会社の
秘密を漏洩させる行為などの禁止は、法律上の忠実義務や競業避止義
務などから導かれます。

　これに対し、取締役が退任した後は、秘密保持の取決めを明確化し
ておくことが重要です。取締役でなくなった時点で、株主との委任関
係が解消され、取締役を対象とする法律上の制限が及ばなくなるから
です。したがって、取締役が退任するときは、秘密保持契約や競業避
止契約を締結し、契約によって秘密保持義務や競業避止義務を負わせ
て秘密保持を担保する必要があります。この場合は、会社と個人との
間の個別の契約となるため、一般の従業員の場合と同じく、取締役の
職業選択の自由・営業の自由を侵害しないよう配慮する必要がありま
す。特に期間が無制限である特約や、およそ同業他社に再就職する機
会を奪うような競業避止義務を負わせる特約は無効となることに注意
が必要です。また、契約条項において、退職金などの補償（代償措置）
を十分に行うこと盛り込むことも重要です。

3

従業員との秘密保持契約の結び方

誓約書を取り、就業規則に盛り込む

入社・在職・退職の3段階で締結する

　会社と従業員の間で秘密保持契約を締結する場合、適切なタイミングを選ぶことが、その効果をより高めることにつながります。経済産業省が公表している「秘密情報の保護ハンドブック～企業価値向上にむけて～」などに基づくと、そのタイミングが、①入社時、②在職時（主として配属先の異動時、転勤時、重要プロジェクトへの配属時・転出時・終了時、昇進時など）、③退社時にあると考えられます。

　また、会社にとって、秘密保持契約を結ぶことには格別のメリットがあります。多くの秘密情報が不正競争防止法上の「営業秘密」として認められることで、情報漏洩などのトラブルを防止することを会社側は望んでいるからです。ここで「営業秘密」と認められるには、当該情報が秘密の情報として管理されていること（秘密管理性）が重要です。その判断基準の一つとして、従業員との間で秘密保持契約を結んでおけば、特定の情報を秘密のものとして管理していることを、客観的に示すことが可能になるということです。

誓約書の取り方

　従業員の入社時に秘密保持契約を結ぶにあたって、よく使用されるのが誓約書の提出という方法です。「私は、会社の業務上知り得た情報について、会社の業務以外では使用せず、無断で会社から持ち出しをしません」などの一文を記載した文書に従業員の署名押印をしたものを提出させ、会社で保管しておくわけです。

　秘密保持契約を締結する際には、秘密保持義務の対象となる情報を

絞り込んでおくことが求められますが、入社の時点では、その人がどのような業務を行うか、どういう情報に触れるか、といったことが明確になっていないこともよくあります。そのため、誓約書ではおおまかに秘密保持義務があることを示す形をとっているわけです。

　もちろん、このままの状態では秘密管理性は低く、実際の効果はあまり期待できませんが、「会社の一員として、会社の業務上の情報を保持する義務がある」という認識を持ってもらうためには、有効な方法だといえるでしょう。

▎就業規則に盛り込む

　会社に入社する際には労働契約を締結しますが、その中には一般に「会社の就業規則に従う」という条項が置かれています。その就業規則の中に秘密保持の条項（秘密保持義務を課すことを示す条項）を入れておけば、入社時に秘密保持契約を結ぶことができなくても、従業員には秘密保持義務が課せられていることになります。

　なお、秘密保持契約を締結しておらず、就業規則に秘密保持の条項がなかったとしても、従業者には信義則上の秘密保持義務があると認識されています。しかし、訴訟などの際には誓約書や就業規則などによって秘密保持義務が明文化されている方が、より秘密管理体制が整っていると判断されます。

　また、就業規則に「秘密保持義務違反をした労働者に対しては、懲戒処分を行うことができる」と定めておくと、秘密保持義務違反をした従業員に対して、就業規則で定める懲戒処分（減給や解雇など）を行うこともできます。むしろ、労働基準法においては、常時10人以上の労働者を使用する会社の事業場では、就業規則の作成・届出が義務付けられているため、従業者が会社との取り決めに対して違反した場合には、就業規則に照らして懲戒処分を検討することになります。

　その際、注意しなければならないのは、別途秘密保持契約を締結し

ている場合であっても、就業規則で定めた内容よりも過重な義務を従業員に課すことはできないという点です。就業規則よりも過重な義務が置かれている場合には、就業規則で定めた義務の範囲にまで義務が縮小されます。したがって、従業員との間で詳細な秘密保持契約を締結することも重要であることは間違いありませんが、会社としては就業規則においても秘密保持の条項を明確かつ詳細に規定しておかなければ、会社が望む形での秘密管理体制を達成することが困難になる恐れがあることに留意しなければなりません。

就業規則に規定される秘密保持義務の対象は、誓約書に記載されるものと同様、「業務上知り得た情報」など一般的な書き方にならざるを得ません。これは、基本的には就業規則が全ての従業員を対象に規定されるもので、個別の条件を盛り込むことができないからです。したがって、ある特定の情報を秘密として保持するためには、やはり個々に秘密保持契約を締結することが求められます。

在職時の契約締結

入社後、配属される部署が決まれば、従業員がどんな情報に触れる可能性があるかということが明らかになってきます。その場合、速やかに秘密保持契約を締結することが求められます。もっとも、会社が詳細な秘密保持契約を整えたとしても、従業員が秘密管理について理解していなければ、不正競争防止法上の「営業秘密」として認められるための秘密管理性の要件を満たしていない、と判断される恐れがあります。そのため、秘密保持契約の締結とあわせて、従業員に対する定期的な教育・指導を怠ってはなりません。在職時に秘密保持契約を締結する主なタイミングとして、次の場合が挙げられます。

① 重要プロジェクトへの配属時・転出時・終了時

新商品の開発や特別なイベントの開催など、会社にとって重要なプロジェクトを立ち上げて業務を行う場合には、一般の業務以上に秘密

にすべき情報が多くなります。このため、従業員をそのプロジェクトに参画させる際に秘密保持契約を締結することが必要です。

　さらに、秘密管理上必要と考えられる場合には、プロジェクトからの転出時（途中でプロジェクトから外れる場合）、プロジェクトの終了時にも、再度情報の絞り込みや対象者の再確認を行い、秘密保持契約を締結し直します。

② 異動時・転勤時

　従事する業務内容や、業務を行う場所（事務所や工場など）が変われば、業務中に接する情報も変わりますから、そのつど秘密保持契約を締結することが望ましいといえます。

③ 昇進時

　昇進すると、当然のことながら社内の重要情報に触れる機会は増加します。特に一定の役職を持った人しかアクセス権を持たない情報がある場合には、そのアクセス権者となった人との間で、他の従業員とは異なる秘密保持契約を締結しておくことが重要です。

退職時の契約締結

　入社時の誓約書や、在職中に締結した秘密保持契約、会社の就業規則などに、退職後の秘密保持についても規定しておく方法が考えられます。この方法では、退職時に従業員がどのような情報を把握しているかが明確になっていないため、情報の絞り込みという点で問題があります。しかし、従業員に「退職後も秘密保持の義務がある」という認識を持ってもらえる効果は期待できます。

　その上で、退職する際に改めて秘密保持契約を締結する流れになります。退職時であれば従業員が持っている情報の内容や範囲も明確になっていますから、より特定された秘密保持契約を締結することができます。ただし、過重な秘密保持義務を課して、退職者の職業選択の自由や営業の自由を侵害しないように注意しましょう。

書式　競業禁止及び守秘義務に関する誓約書

競業禁止及び守秘義務に関する誓約書

　私は、今般、貴社を退職するにあたり、以下のことを誓約致します。

記

1　退職後、貴社在職中に知得した貴社の有形無形の技術上、営業上その他一切の有用な情報及び貴社の顧客に関する情報（以下「本件情報」といいます）を、公知になったものを除き、第三者に開示、漏洩しないとともに、自己のため又は貴社と競業する事業者その他第三者のために使用しないこと。

2　退職後、貴社の顧客に関する個人情報（顧客から預かった個人情報を含む）を、不正に使用し、又は第三者に漏洩しないこと。

3　貴社の承認を得た場合を除き、離職後1年間は日本国内において貴社と競業する業務を行わないこと。また、貴社在職中に知得した貴社の顧客、取引関係のある企業及び個人との間で、離職後1年間は取引をしないこと。

4　本件情報が具体化された文書、電磁的記録その他の資料及び本件情報に関連して入手した書類、サンプル等すべての資料を退職時までに貴社に返還すること。

5　貴社在職中に、前項の資料を貴社の許可なく社外に搬出していないこと及び第三者に交付等していないこと。

6　貴社在職中に、貴社の業務に関連して第三者に対し守秘義務を負って第三者の情報を知得した場合、当該守秘義務を退職後も遵守すること。

7　退職後、直接であると間接であるとを問わず、貴社の従業員（派遣社員やパートなども含む）を勧誘しないこと。

8　この誓約書に違反して貴社に損害を及ぼした場合には、貴社の被った損害一切を賠償すること。

以上

内部告発について知っておこう

内部告発者を保護する法律がある

内部告発とは

　ある組織に属する人間が、組織内で行われている（または行われようとしている）不正行為について、事業者内部や行政機関などに通報することを内部告発といいます。

　たとえば、食品の産地偽装、入札談合、ヤミカルテル（非合法なカルテル）、リコール隠しなど、企業間で生じた問題とはいえ、その結果が社会全体の公益を害する不正行為が報道されることがあります。これらの不正行為が早期に改善されれば、それに越したことはないのですが、不正行為の多くは、外部からは認識しにくい事業者内部または力関係に格差のある者の間で生じるため、潜在的なまま事態が進行していくのが通常です。従業員が内部告発をすることで、会社から報復的な措置を受けてしまうことになると、不正行為を察知しても通報することを控えてしまうのが心情です。

　行政機関の役割としては、行政調査による情報収集と、収集された情報に基づく行政指導による予防措置が考えられますが、不正行為が表面化していない段階での行政調査には限界があります。

　そのため、事業者内部での公益を害する恐れのある事実を内部から通報した者（労働者・派遣労働者）を保護することにより、不正行為の予防を促すための法律として、平成16年に「公益通報者保護法」が制定されました。

　公益通報者保護法では、公益通報をしたことを理由として解雇・降格・減給などの不利益な取扱いをすることを禁じて、公益通報をした人（公益通報者）を保護しています。

公益通報とは、公益のために事業者による一定の法令違反行為を通報することです。通報先は、①事業者内部、②監督官庁や警察などの行政機関、③マスコミ（報道機関）や消費者団体などの事業者外部となっています。ただし、③の事業者外部への通報が保護されるためには、証拠隠滅の恐れがあるか、または人の生命や身体に危害が及ぶ状況にあるなど、クリアすべき条件があります。

事業者とはどこまでの範囲を指すか

　公益通報者保護法の適用対象である「事業者」とは、「法人その他の団体及び事業を行う個人」をいいます。たとえば、①株式会社や持分会社（営利目的がある法人）、②一般法人・公益法人、③協同組合、④特定非営利活動法人（NPO法人）、⑤個人事業主、⑥国の行政機関、⑦地方公共団体が挙げられます。つまり、事業（営利目的がないものを含む）として活動していれば、すべて適用対象となります。

公益を害する恐れのある事実の通報先と保護される要件

　公益通報者保護法では、公益通報をしたことを理由とする解雇を無効とすると共に、同様の理由による降格・減給・退職金不支給といった不利益な取扱いを禁じることで、公益通報者を保護しています。公益を害する恐れのある事実の通報先とその保護要件として、公益通報者保護法が規定しているのは、以下の3つです。

①　事業者（内部公益通報）

　労働者等（労働者、派遣労働者、退職後1年以内の者、役員）がその内部で勤務する事業者です。具体的には、会社の監査役もしくはそれに準じる役職の人、コンプライアンスの専門部署、会社が通報先として定めた労働組合や会社の顧問弁護士などになります。

　保護要件は「対象事実が生じ、又はまさに生じようとしていると思料する」場合です。労働者等は通報すべき事情があると思えば、直ち

に内部公益通報をすることができます。

② 行政機関（行政機関公益通報）

　通報対象事実について処分・勧告などをする権限を有する行政機関に通報した者も、公益通報者保護法の保護対象とされています。ここでの「行政機関」には、議会を除く地方公共団体の機関も含まれます。

　保護要件は、ⓐ「対象事実が生じ、又はまさに生じようとしていると信じるに足りる相当な理由がある（単なる伝聞や憶測などではない）」場合、または、ⓑ「対象事実が生じ、又はまさに生じようとしていると思料し、かつ、一定の事項を記載した書面を提出した」場合です。行政機関公益通報の場合は、相当の証拠・供述があるか、または通報すべき事情があるのを示した書面を提出することを要します。

③ 報道機関などの外部の第三者（外部公益通報）

　通報対象事実の性質によっては、報道機関などの第三者を通じて広く通報する必要が生じる場合もあります。しかし、事業者が受けるダメージも大きいことから、外部公益通報の場合は、内部公益通報・行政機関公益通報に比べて保護要件が厳しくなっています。

　具体的には、行政政機関公益通報のⓐの要件にプラスして、内部通報・公益通報をすれば、「解雇その他不利益な取扱いを受けるおそれがある」「証拠の隠滅・偽造などのおそれがある」「事業者が公益通報者について知り得た事実を公表するおそれがある」「事業者に内部公益通報・行政機関公益通報をしないよう要求された」「書面により内部公益通報をした日から20日を経過しても正当な理由なく調査が行われない」「個人の生命・身体・財産に損害（回復できない損害などに限る）が発生し、又は発生するおそれがある」、という6つの事項のうち1つ以上に当てはまることが保護要件とされています。

▌公益通報者保護法の問題点と改正点

　事業者内部からの公益通報者を保護するために制定された公益通報

者保護法ですが、思ったほどの効果を発揮せず、相変わらず食品産地の偽装事件などが起こっていました。

　その原因として、①保護される通報対象事実が犯罪行為に限定されており、それより軽微な事実は対象外となっている、②行政機関公益通報や外部公益通報の保護要件が厳しすぎる、③解雇などにより退職した者（退職者）や労働者でない役員が保護の対象外となっている、④企業のコンプライアンスに対する姿勢が不十分であった、⑤行政の権限が非常に限定的なため、監督が不十分であった、といった点が指摘されていました。これらの問題点の指摘を受けて、主に以下のような法改正が行われ、令和4年6月から施行されています。

ⓐ　保護される通報対象事実が、犯罪行為だけでなく行政罰としての過料対象の事実にも拡大されました。

ⓑ　行政機関公益通報と外部公益通報の保護要件が、それぞれ緩和されました（前述した保護要件は改正後のものです）。

ⓒ　保護対象者が、退職から1年以内の労働者・派遣労働者、事業者の役員（取締役、監査役、理事など）にも拡大されました。

ⓓ　事業者に対して、内部公益通報に対応する業務に従事する者を指

■ 公益通報者保護制度 ･･･

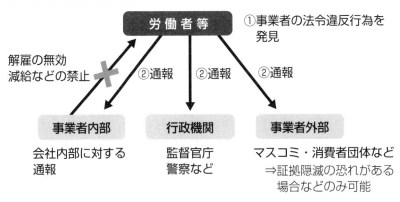

定する義務と、公益通報に対応するために必要な体制を整備する義務が課されました（ただし、従業員300人以下の中小企業は努力義務）。なお、公益通報対応業務従事者には、刑罰（30万円以下の罰金）付きで守秘義務が課されています。

ⓔ ⓓについて、内閣総理大臣は、事業者に対して、報告を求め、助言・指導・勧告をすることができ、報告をしないまたは虚偽の報告をした事業者は過料に処せられ、さらに、勧告に従わない事業者を公表できるようになりました（ただし、内閣総理大臣の権限は、政令で定めるものを除いて、消費者庁長官に委任されます）。行政機関も事業者と同じく、公益通報に対応するために必要な体制を整備する義務が課されました。

ⓕ 公益通報によって損害を受けたことを理由として、事業者が公益通報者に対して損害賠償請求ができないことを定めました。

ⓖ 公益通報をした役員が、公益通報を理由として解任された場合における損害賠償請求権について定めました。

▌差別的な取扱いと裁判所の評価

　不正行為が表面化すると、会社は社会的信用を失い、倒産の危機にさらされます。このため、会社の経営陣はもちろん、同僚たちも内部告発者に対し、差別的な取扱いをすることがありえます。

　差別的な取扱いについて、内部告発者が会社を相手取り、損害賠償請求訴訟を起こした際の裁判例を見ると、公益通報者保護法の保護対象となる事案だけでなく、その内部告発が保護要件を満たしていなくても、総合的に見て会社側の対応に違法性があると判断される場合には、内部告発者の損害賠償請求を認めています。

　公益通報者保護法は内部告発者の保護を目的とした法律ですが、退職した元従業員や元派遣労働者についても、退職後1年以内の場合は保護の対象に加えられています。また、会社外部の取引先の労働者等

も保護の対象となります。

なお、内部告発者の保護が法的義務として課されていること、公益通報が違法行為を未然に防ぐ役割を果たすこと、SNSなどの飛躍的な普及によって違法行為を隠し通すことが難しくなっていることなどから、企業が公益通報を適切に受け止める窓口や通報を行いやすくするなどの法改正も予定されています。

■ 公益通報者保護法の主な改正点 ………………………………

事業者の体制整備の義務化

・公益通報対応体制の整備と公益通報対応業務従事者を定める
　→従業員 300 人以下の中小企業は努力義務。

事業者の内部通報担当者に守秘義務

・違反した場合、30 万円以下の罰金（刑事罰）

「公益通報者」として保護される範囲の拡大

　→退職から 1 年以内の労働者と派遣労働者、役員にも拡大

保護される「通報対象事実」の範囲の拡大

　→犯罪行為以外の行政罰としての過料対象事実にも拡大

保護内容の拡大

　→公益通報によって損害を受けたことを理由として、事業者は
　　公益通報者に対して損害賠償請求できない

外部通報の保護要件の緩和

　→行政機関公益通報と外部公益通報の保護要件を緩和

【監修者紹介】

小島 彰（こじま あきら）

1957年生まれ。石川県出身。特定社会保険労務士（東京都社会保険労務士会）。就業規則等の作成から労働保険・社会保険の手続き業務といった代行業務、労務相談、IPO（株式上場）支援コンサルテーション、労務監査などを数多く手掛けている。労務相談については、企業側からの相談に留まらず、労働者側からの相談も多い。また、IPO（株式上場）のコンサルティングにおいては、昨今のIPOでの労務関係の審査の厳格化に対応するための適切な指導を行っている。IPO関連のセミナーの実績多数。

著作に、『労務管理の手続きと書式』『出産・育児・介護のための休業・休暇の法律手続きと実務書式』『図解とQ＆Aでわかる セクハラ・パワハラ・マタハラをめぐる法律とトラブル解決法123』（監修、小社刊）などがある。

●こじまあきら社会保険労務士事務所

会社の設立時の新規適用申請から労働保険・社会保険の手続き代行、給与計算代行、就業規則の新規作成および改正業務、その他労務関連の諸規定の整備、IPO（株式上場）労務コンサルテーションなど幅広く対応している。また、電話とメールを活用した相談サービスやセミナー講師、原稿執筆なども積極的に行っている。

ホームページ　http://www.kojimaakira-sr.com

事業者必携
労務リスクを減らすための
入門図解　労務管理の法律知識　実践マニュアル

2023年1月30日　第1刷発行

監修者	小島彰（こじまあきら）
発行者	前田俊秀
発行所	株式会社三修社
	〒150-0001　東京都渋谷区神宮前2-2-22
	TEL　03-3405-4511　FAX　03-3405-4522
	振替　00190-9-72758
	https://www.sanshusha.co.jp
	編集担当　北村英治
印刷所	萩原印刷株式会社
製本所	牧製本印刷株式会社

©2023 A Kojima Printed in Japan

ISBN978-4-384-04907-7 C2032